ESSAI

SUR LA NARRATION

LE DISCOURS ET LA LETTRE

Ouvrages de l'auteur qui se trouvent à la même librairie :

Traduction des Églogues de Virgile en vers français.

Tableau synoptique de la conjugaison régulière grecque, par MM. Pourmarin et Lauwereyns.

DE L'IMPRIMERIE DE CRAPELET, RUE DE VAUGIRARD, 9

ESSAI

LA NARRATION, LE DISCOURS

ET LA LETTRE

SUIVI

**D'UN ABRÉGÉ DE VERSIFICATION FRANÇAISE
ET D'UN TRAITÉ DE PARTICIPES RAMENÉS A UNE RÈGLE UNIQUE**

POUR LES ÉLÈVES QUI SE PRÉPARENT

AUX ÉCOLES

Polytechnique, Forestière, de Saint-Cyr, de la Marine

ET EN GÉNÉRAL

POUR TOUTES LES MAISONS D'ÉDUCATION

PAR

P. H. LAUWEREYNS DE DIÉPENHÈDE

PROFESSEUR AU LYCÉE LOUIS LE GRAND
TRADUCTEUR DES ÉGLOGUES DE VIRGILE EN VERS FRANÇAIS

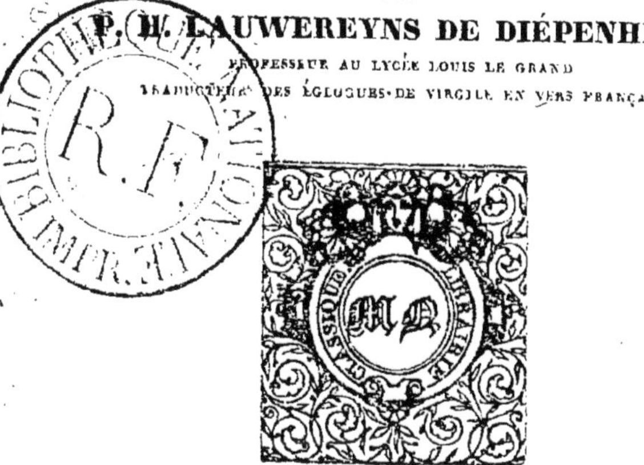

PARIS

A LA LIBRAIRIE CLASSIQUE

DE Mᵐᵉ Vᵛᵉ MAIRE-NYON

QUAI CONTI, 13

1850

AVANT-PROPOS.

Remplir une lacune dans les études françaises, exposer d'une manière méthodique et succincte les premiers principes de la NARRATION, du DISCOURS et de la LETTRE, faire ressortir l'intime liaison de ces trois parties de la littérature, offrir à l'imitation des modèles connus et surtout consacrés par le temps, suivre les traces de mes devanciers dans une juste mesure, donner mon propre travail quand je l'ai cru à propos, en y introduisant même des définitions nouvelles appropriées à sa nature, tel est le but que je me suis proposé.

Si cet essai peut être de quelque utilité à la jeunesse, s'il obtient l'approbation de ceux qui voudront bien le lire, je serai heureux d'y avoir consacré quelques veilles.

HENRI LAUWEREYNS.

ESSAI

SUR LA NARRATION,

LE DISCOURS ET LA LETTRE.

CHAPITRE PREMIER.

NOTIONS PRÉLIMINAIRES.

1. 1° Sur l'*art* et les *règles* ; 2° sur les mots *conception*, *imagination, sentiment, génie, esprit* et *goût* ; 3° sur le *style* et ses espèces.

ART ET RÈGLES.

2. L'ART est l'imitation de la nature, et, par extension : 1° la collection des règles qui nous guident dans cette imitation ; 2° l'habileté dans l'application des règles.

Les RÈGLES, dues à l'étude de la nature et aux observations faites sur les ouvrages qui l'ont imitée le mieux, ne donnent pas le *talent*, mais le dirigent, et, si elles sont secondées par la *pratique*, elles peuvent le perfectionner. Elles ne sont pas absolues :

> Quelquefois dans sa course un esprit vigoureux,
> Trop resserré par l'*art*, sort des règles prescrites,
> Et de l'*art* même apprend à franchir les limites.
>
> Boileau.

1*

CONCEPTION, IMAGINATION, ETC.

3. La Conception est la manière dont l'intelligence comprend et, par extension, exprime tout ce qui, *réel* ou *fictif,* appartient au *monde physique, intellectuel* ou *moral.*

L'Imagination est la faculté créatrice ; c'est elle aussi qui donne le corps et la couleur aux idées.

Le Sentiment est la manière dont l'âme est émue et exprime ses émotions.

Le Génie est au plus haut degré l'étendue de la pensée, la force de l'imagination et l'activité de l'âme.

L'Esprit est la rapidité des conceptions, la vivacité de l'imagination, la finesse, l'originalité, l'à-propos, le bonheur des aperçus et de l'expression, etc... Ses saillies sont toujours nouvelles, ses étincelles ont des nuances infinies.

Le Goût est la faculté de sentir et d'apprécier les beautés de la nature et de l'art.

STYLE.

4. Le Style est la manière d'exprimer ses pensées par écrit.

On reconnaît trois genres de style : le *genre simple,* le *genre sublime* et le *genre tempéré.*

Du genre simple.

5. Le Genre simple (86) renferme en général les qualités nécessaires à la forme de la *Narration* (voy. le 6ᵉ tableau général).

Avec ces qualités le style est *clair, pur, correct, concis, vif, rapide, facile, léger, net, varié,* etc.

Sans ces qualités, il est *obscur, incorrect, diffus, sec, lourd, languissant, monotone,* etc.

Il sera *laconique*, s'il dit beaucoup en peu de mots ; *badin*, si les idées sont enjouées et plaisantes ; *riant*, si elles sont agréables et gaies ; *gracieux*, s'il a ce charme indicible que donne la vie avec la douceur ; *familier*, s'il a le ton de la conversation ; *naïf*, s'il respire l'ingénuité, l'abandon, la franchise, ou s'il offre, comme dans La Fontaine, une imitation du naïf (112, dernier vers) plus piquante que la vérité même, résultat d'un art profond et d'un sentiment exquis[1].

Du genre sublime[2].

6. Le GENRE SUBLIME (92), par l'éclat des mots, la richesse et la force de l'expression, l'harmonie des périodes (166), la beauté des métaphores (77) et de la plupart des figures de mots (63 et suivants), répond à l'élévation des sentiments et aux figures de pensées les plus brillantes (39 et suivants), *Apostrophe, Prosopopée, Exclamation,* etc. (45, 49, 50 et 5ᵉ tableau général).

Ces qualités rendent le style *magnifique* (92 et 141), s'il a de la pompe, de la majesté et de la noblesse ; *énergique* (130 jusqu'à 140), si les pensées ont de la force ; *véhément* (130 jusqu'à 140), si elles sont pathétiques, vives, entraînantes, etc.

Lorsqu'elles tombent dans la recherche et l'exagération, le style est *enflé* et *ampoulé*, etc.

---

[1] Cette dernière partie de la définition du naïf appartient à l'éditeur de la grande *Encyclopédie.*

[2] Il ne faut pas confondre le GENRE DE STYLE SUBLIME avec le SUBLIME proprement dit, c'est-à-dire avec ce qui existe de plus grand dans le sentiment, et qui se manifeste souvent par les expressions les plus simples, quelquefois même par le silence.

Du genre tempéré.

7. Le GENRE TEMPÉRÉ (97) admet plus d'ornements que le *Genre simple* et moins de mouvement que le *Genre sublime*.

Ces ornements rendent le style *fleuri* (97), s'ils abondent; *brillant* (94), s'ils frappent l'esprit par la vivacité des pensées, des images, des tours et des expressions; *périodique* (141), si les périodes y sont fréquentes, etc.

Faute de naturel dans ces ornements, le style est *affecté, précieux, maniéré, froid,* etc.

Observation sur les trois genres.

8. Il est rare qu'une composition n'offre qu'un seul des *trois Genres de style*; ils se trouvent souvent réunis et mêlés; on donne au *Style* le nom du Genre qui domine.

Espèces tenant aux trois genres.

9. Il y a des *espèces de style* communes aux trois Genres, savoir :

Le *style égal,* qui doit bien se garder de devenir *monotone* ;

> Un style trop *égal* et toujours *uniforme*
> En vain brille à nos yeux, il faut qu'il nous endorme.
> Boileau.

Le *style rapide* (95), où les idées et les mouvements se succèdent sans interruption, mais dont l'abus est un écueil.

> Un style si *rapide* et qui court en rimant,
> Marque moins trop d'*esprit* que peu de *jugement.*
> Boileau.

Le *style naturel* (97, 107, 112), qui bannit la contrainte et la gêne et auquel est opposé le *style apprêté*.

Le *style coulant*, qui joint l'aisance au naturel.

Le *style délicat*, qui exprime une réflexion (page 11, disc.) ou voile une pensée d'une manière fine et ingénieuse, par ménagement ou par un sentiment de retenue (41), de pudeur (41), de fierté même.

Le *style direct*, qui fait parler les personnages (97).

Le *style indirect*, qui a le narrateur pour interprète.

Le *style dramatique*, qui met les personnages en scène et les fait parler ou agir entre eux, sans l'intermédiaire de l'écrivain (60).

Le *style pathétique*, qui abonde en sentiments (125 jusqu'à 128).

Le *style harmonieux*, qui flatte l'oreille par le concours des sons et des mots (61).

Le *style nombreux*, qui, aux qualités de l'harmonie, ajoute une heureuse disposition de mots et de périodes (141).

Nous indiquerons encore d'une manière particulière le *style historique*, le *style oratoire*, le *style poétique*, le *style épistolaire*, le *style descriptif*, le *style allégorique*, etc., qui portent en eux-mêmes leur définition.

PREMIER TABLEAU GÉNÉRAL.

§ IV. STYLE.
OU MANIÈRE D'EXPRIMER LES PENSÉES PAR ÉCRIT.

Genre simple	mérites	clair, pur, correct, concis, vif, rapide, facile, net, léger, varié, laconique, badin, riant, gracieux, familier, naïf.
	défauts	obscur, incorrect, diffus, sec, lourd, monotone, languissant.
Genre sublime	mérites	magnifique, énergique, véhément.
	défauts	enflé, ampoulé.
Genre tempéré	mérites	fleuri, brillant, périodique.
	défauts	affecté, précieux, maniéré, froid.
Espèces	communes aux trois genres	égal, rapide, naturel, coulant, délicat, direct, indirect, dramatique, pathétique, harmonieux, nombreux.
	indiquant la nature de l'écrit	historique, oratoire, poétique, épistolaire, descriptif, allégorique.

CHAPITRE II.

DE LA NARRATION.

10. La Narration, dans une acception étendue, embrasse des ouvrages de longue haleine, l'*Histoire*, l'*Épopée*, le *Roman*.

Nos préceptes conviennent à ces sortes d'écrits, mais ne leur suffisent pas. Nous n'avons en vue que l'exercice de la narration classique.

DÉFINITION DE LA NARRATION.

11. La Narration est l'exposé d'*un fait* depuis son *commencement* jusqu'à sa *fin*. Le Fait est *un*, quand le *commencement*, le *milieu*, la *fin*, bien assortis, *se rapportent à un seul point*.

> Il faut que chaque chose y soit mise en son lieu,
> Que le *début*, la *fin*, répondent au *milieu*.
> Boileau.

Si le *commencement* n'entre pas dans les détails nécessaires, la *Lucidité* en souffre ; si la *fin* n'est pas complète, la *curiosité* est trompée ; le *but* est manqué.

DIFFÉRENTES ESPÈCES DE NARRATIONS[1].

12. Nous reconnaissons *quatre espèces de Narrations* : 1° la *Narration historique* ; 2° la *Narration ora-*

---

[1] On reconnaît généralement *trois sortes de narrations* : narration *vraie*, narration *fictive* et narration *mixte*. Cette division ne nous paraît pas assez complète.

toire; 3° la *Narration poétique*[1], subdivisée en *Poétique-historique* et en *Poétique-merveilleuse*[2]; 4° la *Narration familière* qui renferme l'*Historiette*, le *Conte* et la *Fable*.

<table>
<tr><td rowspan="6" style="text-align:right">NARRATION</td><td>historique,</td><td></td></tr>
<tr><td>oratoire.</td><td></td></tr>
<tr><td rowspan="2">poétique</td><td>historique,</td></tr>
<tr><td>merveilleuse.</td></tr>
<tr><td rowspan="3">familière.</td><td>historiette.</td></tr>
<tr><td>conte.</td></tr>
<tr><td>fable.</td></tr>
</table>

Ces espèces se distinguent par le *Fond*, le *But*, la *Règle*, la *Forme* et le *Ton*. Nous les examinerons chacune à part sous ces différents points de vue. Nous traiterons ensuite successivement de l'*Invention*, de la *Disposition* et des *qualités générales* de *toute narration*, sous le rapport premièrement du *fond*, secondement de la *forme*; viendront ensuite des narrations de chaque espèce avec leur analyse. Passant de là au *discours*, nous en exposerons les premiers principes, que nous ferons suivre aussi de modèles analysés en partie ; puis nous dirons quelques mots sur le *style épistolaire* et produirons à l'appui quelques lettres auxquelles nous n'ajouterons que de simples remarques. Nous donnerons enfin, dans des notes, comme appendice, *des notions sur la période*, sur *la versification française* et sur *les participes*.

Narration historique (85).

15. La NARRATION HISTORIQUE est le *récit d'un fait*

---

[1] *Poésie* se dit en général de la *vérité* et des *fictions* que l'imagination anime et revêt des plus belles formes et des plus vives couleurs.

[2] Il y a du *merveilleux* dans un écrit, quand des êtres surnaturels y interviennent.

consigné, ou non consigné, dans les annales qui constituent l'*Histoire* proprement dite. Elle a pour *but* d'*instruire*. Ainsi, loin d'altérer les *faits* et les *caractères*, qu'elle s'attache à l'exacte vérité et juge sans passion. Cependant *point de froideur*. On ne peut qu'approuver celui qui, entraîné par les élans du cœur, témoigne avec autant de naïveté que de droiture ce qu'il éprouve d'horreur pour le crime et d'admiration pour la vertu (90). Le *style* de la *Narration historique* doit être *simple* en général. La vérité brille par elle-même.

NARRATION HISTORIQUE.	Fond	Faits réels, Caractères réels.
	But	Instruire.
	Règle.. vérité absolue.	Impartialité { dans l'éloge, dans le blâme. Point de froideur.
	Forme	Style simple en général.

Narration oratoire (91).

14. La NARRATION ORATOIRE diffère de la *Narration historique* en ce qu'elle ne cherche pas tant à être vraie qu'à le paraître. Elle roule sur un *fait réel*, mais d'une appréciation contestable; et quoiqu'il ne soit point controversé, comme au barreau, cependant la vérité en doit être démontrée sous un jour favorable au récit. Voiler tout ce qui peut lui nuire, faire ressortir tout ce qui peut lui profiter, disposer de tous les moyens de convaincre et de persuader qui ne soient point contraires à l'honnêteté, embellir d'ornements convenables un *style* tour à tour *simple, tempéré, sublime*, telle est la *règle* que doit suivre l'écrivain.

NARRATION ORATOIRE.	Fond..	Fait d'une appréciation contestable.
	But....	Éclairer.
	Règle..	Vérité relative { voiler ce qui peut nuire, relever ce qui peut servir.
	Forme .	Style simple, tempéré, sublime.

Narration poétique.

15. La NARRATION POÉTIQUE est celle qui renferme des *fictions*. Elle se subdivise en *Narration poétique-historique*, qui mêle la *fiction* à la *vérité*, admettant le *merveilleux* comme moyen, et en *Narration poétique-merveilleuse* où dominent les *faits surnaturels* mêlés aux *fictions*.

Narration poétique-historique (96).

16. Dans la NARRATION POÉTIQUE-HISTORIQUE, le *caractère du personnage* ou *les faits* sont donnés par l'*Histoire*. Il est permis à la *fiction* de les embellir et de les grandir, mais non de les défigurer. Le *récit* a de cette façon l'intérêt qui s'attache à une œuvre vraie et instructive, et, s'il peint accessoirement les *mœurs,* les *coutumes*, la *religion* d'une *époque* ou d'une *nation* (quelques traits suffisent pour en donner une idée), l'ensemble du discours devient plus grave. Les *fictions* doivent surtout avoir les *couleurs de la vérité*. Usez de toutes les ressources pour opérer l'illusion.

<table>
<tr><td rowspan="6">NARRATION
poétique-
historique.</td><td rowspan="4">Fond..</td><td colspan="2">Personnage historique.</td></tr>
<tr><td>Faits...</td><td>tantôt vrais,
tantôt fictifs.</td></tr>
<tr><td rowspan="2">Mœurs.</td><td>d'une époque,</td></tr>
<tr><td>d'une nation.</td></tr>
<tr><td>But....</td><td colspan="2">Illusion.</td></tr>
<tr><td>Règle..</td><td colspan="2">Émouvoir par les passions.</td></tr>
<tr><td>Forme .</td><td colspan="2">Tous les styles.</td></tr>
</table>

Narration poétique-merveilleuse (102).

17. La NARRATION POÉTIQUE-MERVEILLEUSE admet tous les *tons* et tous les *styles* :

Quelquefois elle n'est *vraie* sous le rapport ni des *personnages*, ni des *faits*, ni du *lieu de la scène*. Son principal *but* est de *charmer nos loisirs*. L'*imagination* peut donc s'y donner carrière; mais ce n'est pas à dire pour cela que les *fictions* puissent y dégénérer en songes creux et en une sorte de délire. Le *Merveilleux* a aussi ses règles; il faut que des chimères, dont il se plaît à nous bercer, il ressorte quelque *utilité pour l'esprit et le cœur*. Lorsque l'écrivain aura gardé pour la *langue* et la *morale* un *respect scrupuleux*, que, par l'*harmonie de ses conceptions* les plus capricieuses, il nous aura offert une *apparence de vérité* toute de convention, que sous le voile de l'*Allégorie* il nous aura laissés *entrevoir des faits* qui, *touchant à la condition humaine*, pourront nous intéresser, qu'enfin à une marche entraînante il aura joint une grande *richesse d'imagination*, nous pourrons consentir à fermer les yeux sur des récits *invraisemblables* de leur nature.

NARRATION poétique-merveilleuse.	Fond ..	Pays des chimères, Héros étonnants, Exploits bizarres, Aventures inouïes.
	But....	Amusement en général.
	Règle..	Respect de la morale.
	Forme .	Tous les styles.

Narration familière.

18. La NARRATION FAMILIÈRE est ainsi appelée, parce qu'elle comporte plus d'*abandon* et de *laisser aller* que les premières. Ses *espèces* sont l'*Historiette*, le *Conte* et la *Fable*.

Historiette.

19. L'HISTORIETTE ne diffère du *Conte* qu'en ce que le *fond* en est *vrai*.

Conte (108).

20. On nomme CONTE le récit d'une *aventure fictive, plaisante* ou *sérieuse, vraisemblable* ou *surnaturelle*. Le *but* du *Conte* est de *divertir*, de *piquer la curiosité*, de *plaire*. L'*esprit*, l'*enjouement*, la *finesse*, la *malice* même le caractérisent. L'écrivain ne doit pas y prodiguer les détails ; et s'il y manifeste *ses propres sentiments*, s'il y mêle *ses réflexions*, il est bon qu'il le fasse avec sobriété et d'une manière aussi fine qu'ingénieuse. Le *Conte* est *piquant,* s'il renferme un trait de ridicule ; *enjoué,* s'il excite la gaieté ; *parfait*, si, à la gaieté et à la bienséance, il joint une leçon de moralité. Il est toujours *blâmable,* s'il blesse la décence. Le *style* en doit être généralement *simple, familier, vif* et *gracieux*.

```
             ( Fond. . . . . . . . .  Fait réel.
HISTO-       { But. . . . . . . . . . )
RIETTE.      { Règle. . . . . . . . . } Voyez Conte.
             ( Forme. . . . . . . . )

                                        ( plaisante,
             ( Fond. .  Fiction. . . . .{ sérieuse,
             (                          { vraisemblable,
             (                          ( surnaturelle.
             ( But. . . . Divertir, piquer la curiosité, plaire.
             (                          ( spirituel,
             (              Ton. . . . .{ enjoué,
CONTE.       {                          { fin,
             (                          ( malin.
             ( Règle. . {                         (         ( sobre,
             (          { Y mêler. . . .{ ses sentiments { d'une   { brève,
             (          {               { ses réflexions { manière { ingénieuse.
             (          {                         ( comique,
             (          ( Tâcher d'être { décent,
             (                          ( moral.
             ( Forme.   Style simple, familier, vif et gracieux en général.
```

Fable (112).

21. On nomme FABLE le *récit allégorique* d'une *action* où peuvent figurer des *personnages de toute nature, hommes, animaux, êtres inanimés* ou *surnaturels*. Sous un voile léger, sous un air d'ingénuité, sous une *forme* spirituelle, gracieuse, riante et quelquefois enfantine, la *Fable* cache le caractère le plus sérieux. La *fin* qu'elle se propose est plus grave que celle du *Conte*; c'est une de ces vérités qui nous guident dans la conduite de la vie. Cette *vérité* est souvent exprimée à la fin du récit dont elle doit ressortir naturellement; elle peut aussi le précéder, ou même s'y mêler; elle constitue ce qu'on appelle la *Moralité de la Fable*. Eu égard au caractère absolu ou relatif des personnages et aux incidents, la Fable peut s'élever au ton des compositions épiques; mais en général le *style* en doit être *simple, familier, riant, gracieux* et *naïf* autant que possible. La Fable s'écrit ordinairement en *vers* (167).

FABLE.				
	Fond..	Action allégorique.		
		personnages	animés	hommes, bêtes.
			inanimés, surnaturels.	
	But....	Leçon de morale.		
	Règle..	Ménager l'amour-propre	n'insulter personne, s'adresser à tous.	
		Vers plutôt que prose.		
	Forme.	Style simple, familier, riant, gracieux, naïf.		

DEUXIÈME TABLEAU GÉNÉRAL.

NARRATION. — *Exposé d'un fait depuis son commencement jusqu'à sa fin.*

Historique.
- Fond.. { caractères réels, faits réels.
- But.... instruire.
- Règle. vérité absolue { impartialité { dans l'éloge. / dans le blâme. } point de froideur.
- Forme : style simple en général.

Oratoire.
- Fond.. fait d'une appréciation contestable.
- But... éclairer l'auditoire.
- Règle. vérité relative { voiler ce qui peut nuire, relever ce qui peut servir.
- Forme : style simple. tempéré, sublime.

Poétique.

historique.
- Fond. { personnage historique. faits..... { tantôt vrais, tantôt fictifs. } mœurs.. { d'une époque, d'une nation. }
- But.... illusion.
- Règle. émouvoir par les passions.
- Forme. tous les styles.

merveilleuse
- Fond . { pays des chimères, héros étonnants, exploits bizarres, aventures inouïes.
- But ... amusement en général
- Règle. respect de la morale.
- Forme, tous les styles.

Historiette.
- Fond.. { caractères réels, faits réels.
- But. .
- Règle. } comme pour le conte.
- Forme.

Familière.

Conte.
- Fond . { aventure { plaisante, sérieuse, vraisemblable, surnaturelle }
- But... divertir, piquer la curiosité, plaire.
- Règle. { ton........ { spirituel, enjoué, fin, malin. } y mêler { ses sentiments / ses réflexions } d'une manière { sobre, courte, ingénieuse. } récit,. s'il se peut { comique, décent, moral. }
- Forme. style simple, familier, gracieux en général.

Fable.
- Fond.. { action allégorique. personnages { animés { hommes, bêtes. } inanimés, surnaturels. }
- But.... précepte de morale.
- Règle. { ménager l'amour - propre { n'insulter personne, s'adresser à tous. } vers plutôt que prose.
- Forme: simple, familier, riant, gracieux, naïf.

CHAPITRE III.

ESSENCE DE LA NARRATION.

22. *Tout écrit* suppose 1° les *Idées*, 2° l'*Ordre* dans ces *idées*, 3° l'*Expression* de ces *idées*. De là trois conditions essentielles : l'*Invention*, la *Disposition* et l'*Élocution*.

PREMIÈRE SECTION.

DE L'INVENTION.

23. L'INVENTION est la *découverte des idées* par l'*Observation*. L'*Observation* approfondit le *Sujet*; elle en étudie la *nature intime*, en considère *toutes les faces et tous les points*, en reconnaît les *qualités*, en saisit les *rapports* avec le *monde physique, intellectuel* et *moral*, soit dans l'*ensemble*, soit dans les *détails*; elle rend *les parties distinctes les unes des autres*, en voit *la liaison, la dépendance mutuelle*, et juge *du degré d'attention qu'elles méritent*. Car tout ce qui s'attache au *fait principal* ne doit pas être admis indifféremment; c'est une recommandation à laquelle Boileau revient souvent.

> N'offrez point un sujet d'incidents trop chargés...
> Souvent trop d'abondance appauvrit la matière...
> Donnez à votre ouvrage une juste étendue...
> Ce que l'on dit de trop est fade et rebutant...

L'*Art* ne peut suppléer à l'*Observation*; cependant il peut lui venir en aide (lisez **32, 34** et **36** en entier ;

voyez 5ᵉ tableau général). Tous ces points bien examinés et bien médités pourront guider l'inexpé-
rience.

INVENTION, approfondir le sujet :
- étudier sa nature intime.
- considérer { ses faces, ses points.
- reconnaître { ses qualités, ses rapports } avec { la nature extérieure, la nature morale.
- distinguer ses parties ..... { leur liaison, leur dépendance.

DEUXIÈME SECTION.

DE LA DISPOSITION.

24. La Disposition a pour objet de placer toutes les *parties* du *fait principal* dans un *ordre convenable*. Plus l'*Observation* a été profonde et lumineuse, plus la *disposition* est facile et méthodique.

La *Disposition* renferme trois parties, l'*Exposition*, le *Nœud* et le *Dénoûment*.

DE L'EXPOSITION.

25. L'Exposition fait connaître le *sujet* de la *Narration*. Elle dispose l'esprit à l'attention, pique la curiosité et facilite l'intelligence des faits. Elle doit être *simple, claire, précise, intéressante, adaptée au sujet, conforme à sa couleur et proportionnée à son étendue*.

> Que le début soit simple et n'ait rien d'affecté.
>
> Boileau.

La *simplicité* obvie à une pénible incertitude. L'*affectation*, outre qu'elle *déplaît* toujours, peut avoir l'inconvénient de *détourner l'attention*.

Il y a deux sortes d'*Expositions* : l'*Exposition naturelle* et l'*Exposition artificielle*.

De l'exposition naturelle (87, 93, 99, 185, 108).

26. L'*Exposition naturelle suit l'ordre logique des événements*. Elle doit faire connaître toutes les *circonstances nécessaires à l'action, le lieu de la scène* et *les personnages*. La *Précision* (33, 2°) et la *Clarté* (55) en sont les principaux mérites. Ce que Boileau dit du drame convient ici parfaitement,

> Que dès les premiers pas l'action préparée
> Sans peine du sujet aplanisse l'entrée.
> Je me ris d'un auteur qui, lent à s'exprimer,
> De ce qu'il veut d'abord ne sait pas m'informer,
> Et, qui débrouillant mal une pénible intrigue,
> D'un divertissement me fait une fatigue ;
> Un sujet n'est jamais assez tôt expliqué.

EXPOSITION NATURELLE.

- Suivre l'ordre logique des événements.
- Indiquer : les personnages, la scène, les circonstances nécessaires.
- Être... : précise, simple, claire, intéressante.
- Convenir à la couleur du sujet.

De l'exposition artificielle.

27. L'EXPOSITION ARTIFICIELLE diffère de l'*Exposition naturelle* en ce qu'elle s'écarte de l'ordre logique des événements dont elle transpose les parties. Quelquefois, se jetant au milieu du *sujet*, elle fait agir devant nous les personnages dès le début ; puis laissant là le *Dramatique* (60), elle revient sur ses pas pour nous *éclairer sur l'origine du fait, avant d'en achever le tissu*. Elle pique ainsi la curiosité ; mais on doit craindre que la moindre omission ne la rende obscure, ou que le moindre embarras ne lui donne un air gauche. En elle comme en l'art de rimer

> Il n'est point de degré du médiocre au pire. (Boileau.)

EXPOSITION ARTIFICIELLE. { Pénétrer au milieu du sujet,
Revenir sur ses pas,
Reprendre le fait à son origine.

DU NŒUD (88, 94, 100, 105, 109, 114).

28. Quand l'*Origine du fait*, les *Personnages* et le *Lieu de la scène* sont connus, on met en rapport entre eux les personnages et les événements, et l'on forme ainsi ce qu'on appelle le *Nœud de l'action. Que tout détail inutile* soit évité ; que l'*intérêt* aille toujours croissant ; que les *caractères* se soutiennent ; que des *surprises* soient ménagées, que la *catastrophe* reste ignorée jusqu'à la fin, si vous voulez empêcher l'*action* de se ralentir, l'*attention* de se fatiguer, l'*attrait* de cesser avec la curiosité.

NOEUD. { Point de détail superflu,
Caractères soutenus,
Intérêt croissant,
Catastrophe dissimulée.

DU DÉNOÛMENT (89, 94, 101, 105, 110, 114)[1].

29. Il est difficile de donner une règle précise pour dénouer l'action. Cependant quel que soit le *Dénoûment, il doit être ménagé, proportionné au récit* et *amené naturellement.* Si la *Catastrophe* est brusque, elle décèle l'embarras de l'écrivain ; si elle ne répond pas à nos promesses, si nous nous consumons en vains efforts, si après avoir excité la curiosité nous ne la satisfaisons pas et que

La montagne en travail enfante une souris,

La Fontaine.

---

[1] Quand il n'y a point d'*intrigue,* c'est-à-dire point d'*incidents,* point de *péripéties,* il n'y a évidemment ni *nœud* ni *dénoûment.*

ce sera d'autant plus fâcheux que la partie manquée
sera précisément celle pour laquelle les autres sont
faites, et sans laquelle elles sont inutiles. Mais si tout
s'enchaîne et se lie ; si les *faits*, déduits les uns des
autres, se produisent sans nous surprendre, le *Dénoûment* sera *vraisemblable* et ne manquera pas de plaire.

DÉNOÛMENT { ménagé avec art,
répondant à l'importance du récit,
vraisemblable.

TROISIÈME TABLEAU GÉNÉRAL.

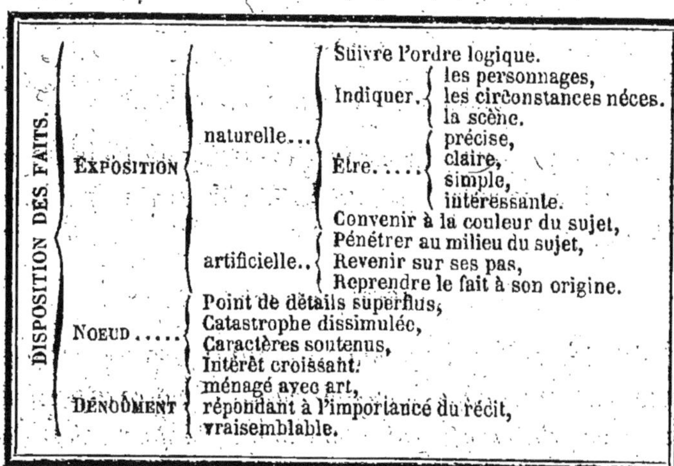

TROISIÈME SECTION.

DE L'ÉLOCUTION.

QUALITÉS GÉNÉRALES DE LA NARRATION.

30. Il nous reste à traiter des QUALITÉS GÉNÉRALES communes à tous les *récits*. Elles tiennent au *Fond* et à la *Forme*. Les unes sont *nécessaires*, c'est-à-dire qu'on ne peut s'en dispenser ; les autres *accidentelles*, c'est-à-dire relatives aux circonstances.

FOND

QUALITÉS NÉCESSAIRES AU FOND DE LA NARRATION.

31. Il y a TROIS QUALITÉS NÉCESSAIRES au *Fond* de la *Narration* : l'*Intérêt naturel*, la *Lucidité* et la *Vraisemblance.*

Intérêt naturel.

32. Le *Récit* est NATURELLEMENT INTÉRESSANT, 1° lorsque les *personnages* peuvent *captiver notre attention* sous ces *différents points de vue : Conformation du corps, Traits extérieurs, Figure, Maintien, Caractères, Vertus, Vices, Habitudes, Age, Nation, Religion, Condition, Rôle dans l'histoire ou dans le monde, Renommée* bonne ou mauvaise ; 2° lorsque les *Faits physiques, intellectuels* ou *moraux*, dans leur ensemble ou dans leurs parties, recommandent les personnages, ou attachent l'esprit tantôt en excitant la *curiosité*, l'*inquiétude*, la *crainte*, la *pitié*, l'*amour*, la *haine*, l'*admiration*, l'*horreur* ; tantôt en exerçant l'*intelligence*, le *goût*, le *jugement*, l'*imagination*; tantôt en nous forçant de *faire un retour sur nous-mêmes,* par les *rapports* de similitude qu'il nous offre *avec nos sentiments et nos intérêts.*

INTÉRÊT NATUREL.			
Personnages	Conformation		traits extérieurs, figure, maintien.
	Caractère		vertus, vices, qualités, défauts, habitudes.
	Age.		
	Nation.		
	Religion.		
	Condition.		
	Rôle		dans l'histoire, dans le monde.
	Renommée		bonne, mauvaise.
Faits	louables		dans leur ensemble, dans leurs parties.
	excitant		la curiosité, l'inquiétude, la crainte, la pitié, l'amour, la haine, l'admiration, l'horreur.
	exerçant		l'intelligence, le goût, le jugement, l'imagination.
	ayant rapport à		nos sentiments, nos intérêts.

Lucidité.

33. Mais il ne suffit pas que les *objets* soient *intéressants par eux-mêmes*; il faut de plus qu'une *vive lumière* éclaire le tableau, que les *différentes parties* s'y montrent d'une manière distincte, que partout, en un mot, règne la LUCIDITÉ; qualité qui en exige plusieurs autres, savoir : 1° la JUSTESSE DES IDÉES, résultat d'une *observation exacte*, d'une *étude scrupuleuse*, et quelquefois d'une *méditation profonde*; 2° la PRÉCISION, qui ne *dit rien de trop*, mais *dit tout le néces-*

saire; 3° la RAPIDITÉ, qui fait succéder les *faits* et les *mouvements* sans interruption, qui ne permet ni de *renverser les idées*, ni de *tourner autour du même cercle*, ni de *revenir sans cesse sur ses pas*, ni de *laisser échapper le fil du récit* par l'omission de détails utiles ou par l'emploi de détails étrangers au sujet; 4° la SIMPLICITÉ, qui évite toute *complication*, toute *recherche*, qui *tire de l'ordre des choses naturelles ou traditionnelles les ressorts de l'action et les moyens de la faire marcher*, et qui, au milieu d'une *intrigue*, captive *l'attention* sans la fatiguer, malgré *l'incertitude*, la *curiosité*, *l'impatience*, *l'inquiétude* ou *tout autre sentiment plus ou moins profond* qu'entretient en nous *l'attente de l'événement*.

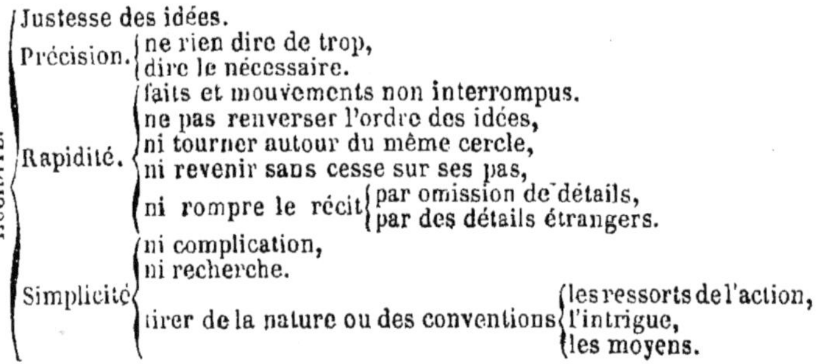

Vraisemblance.

34. L'INTÉRÊT NATUREL ne suffit pas sans la LUCIDITÉ, et ces deux qualités seraient neutralisées par l'absence d'une troisième, la *Vraisemblance*, qui couronne l'œuvre en déterminant la *conviction*. Si nous ne donnons pas en effet les *couleurs de la vérité à la vérité même*,

Le vrai peut quelquefois n'être pas vraisemblable ;

Boileau.

si dans les *fictions* nous ne *copions pas la nature* de

manière à ne choquer ni les *sentiments qu'elle a gravés dans les cœurs,* ni les *idées acquises;* si nous ne nous conformons pas aux *coutumes* et aux *préjugés des différents peuples;* si, dans la *peinture d'une contrée,* nous ne faisons pas en sorte qu'on reconnaisse ses *productions,* ses divers *aspects,* la *couleur de son ciel,* son *langage,* etc,, comment pourrons-nous *convaincre?* Voulons-nous être *naturels et vrais?* Étudions la nature.

Quiconque voit bien l'homme, et d'un esprit profond
De tant de cœurs cachés a pénétré le fond,
Qui sait bien ce que c'est qu'un prodigue, un avare,
Un honnête homme, un fat, un jaloux, un bizarre,
Sur une scène heureuse il peut les étaler
Et les faire à nos yeux vivre, agir et parler.
Présentez-en partout les images naïves;
Que chacun y soit peint des couleurs les plus vives.
La nature féconde en bizarres portraits,
Dans chaque âme est marquée à de différents traits;
Un geste la découvre, un rien la fait paraître.
Mais tout esprit n'a pas des yeux pour la connaître.
Le temps, qui change tout, change aussi nos humeurs;
Chaque âge a ses plaisirs, son esprit et ses mœurs.
Un jeune homme, toujours bouillant dans ses caprices,
Est prompt à recevoir l'impression des vices;
Est vain dans ses discours, volage en ses désirs,
Rétif à la censure, et fou dans les plaisirs.
L'âge viril plus mûr inspire un air plus sage,
Se pousse auprès des grands, s'intrigue, se ménage,
Contre les coups du sort songe à se maintenir,
Et loin dans le présent regarde l'avenir.
La vieillesse chagrine incessamment amasse,
Garde, non pas pour soi, les trésors qu'elle entasse,
Marche en tous ses desseins d'un pas lent et glacé,
Toujours plaint le présent et vante le passé,
Inhabile aux plaisirs dont la jeunesse abuse,

Blâme en eux les douceurs que l'âge lui refuse.
Ne faites point parler vos acteurs au hasard,
Un vieillard en jeune homme, un jeune homme en vieillard;
Étudiez la cour et connaissez la ville,
L'une et l'autre est toujours en modèles fertile.

Boileau.

A cette leçon du maître ajoutons une observation encore appuyée de son autorité : c'est qu'un *personnage* doit toujours *conserver son caractère.*

D'un nouveau personnage inventez-vous l'idée?
Qu'en tout avec soi-même il se montre d'accord,
Et qu'il soit jusqu'au bout tel qu'on l'a vu d'abord.

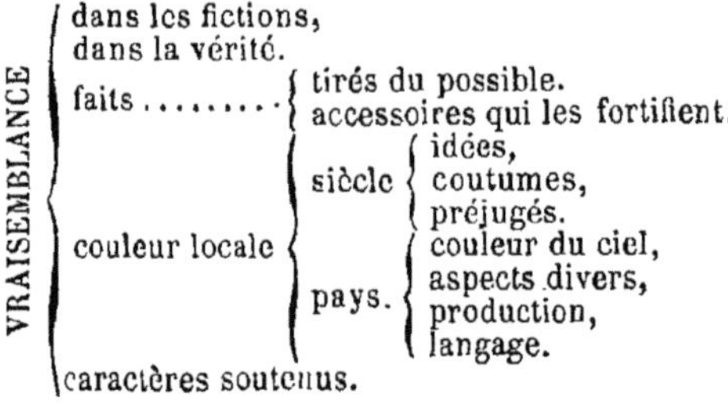

QUATRIÈME TABLEAU GÉNÉRAL.

QUALITÉS NÉCESSAIRES AU FOND DE LA NARRATION.

INTÉRÊT NATUREL.

- personnage
  - conformation…. { traits extérieurs, figure, maintien.
  - caractère…… { vertus, vices, habitudes.
  - âge.
  - nation.
  - religion.
  - condition.
  - rôle………… { dans l'histoire, dans le monde.
  - renommée…… { bonne, mauvaise.
  - recommandables. { dans leur ensemble, dans leurs parties.
- faits……
  - qui excitent…… { la curiosité, l'inquiétude, la crainte, la pitié, l'amour, la haine, l'admiration, l'horreur.
  - qui exercent…. { l'intelligence, le goût, le jugement.
  - se rapportant à.. { nos sentiments, nos intérêts.

LUCIDITÉ.

- justesse d'idées.
- précision…. { ne rien dire de trop, dire le nécessaire.
- rapidité….. { ne pas renverser l'ordre des idées, ni tourner autour du même cercle, ni revenir toujours sur ses pas.
  - ni rompre le récit.. { par omission de détails, par des détails étrangers.
- simplicité… { point de complication, point de recherche.
  - tirer de la nature… { les ressorts de l'action, l'intrigue, les moyens.

VRAISEMBLANCE.

- dans les fictions.
- dans la vérité.
- faits……… { tirés du possible, accessoires qui les fortifient.
- couleur locale
  - siècle. { idées, coutumes, préjugés.
  - pays.. { couleur du ciel, aspects divers, productions, langage.
- caractères soutenus.

QUALITÉS ACCIDENTELLES TENANT AU FOND
DE LA NARRATION.

35. Les Qualités accidentelles qui tiennent au *Fond de la Narration* sont 1° les *Accessoires* ; 2° le *Pathétique* ; 3° les *Figures de pensées.*

Des accessoires.

36. « Le superflu, chose si nécessaire ! » Ce jugement d'un spirituel écrivain ne peut-on l'appliquer aux Accessoires, ou moyens d'embellir un sujet? Leur importance en *littérature* n'est pas moindre que dans les *arts*, que dans la *peinture*, par exemple, où ils font souvent le principal mérite du tableau.

Les Accessoires sont l'*Intérêt artificiel*, les *Réflexions* et les *Lieux communs.*

L'Intérêt artificiel est le *mérite que le récit reçoit de l'art* avec lequel les faits sont exposés.

Les Réflexions sont les *observations que l'esprit, se repliant sur lui-même, fait sur les idées fournies par l'Invention*, et dont il enrichit le sujet.

Les Lieux communs sont des *développements applicables à un sujet quelconque*, que l'écrivain tire du sujet lui-même, ou des objets extérieurs.

L'Intérêt artificiel, si nécessaire lorsque le sujet est peu attachant par lui-même, repose quelquefois sur un *rapprochement*, une *comparaison*, une *opposition*, un *contraste* qui relève l'objet principal. Il consiste aussi à captiver l'attention dès les premiers mots, à ménager une surprise, à tenir en suspens la curiosité, mais il n'est pas facile d'indiquer la voie qui conduit à ces résultats ; car ce qu'il faut souvent, c'est du *tact* et de l'*à-propos* ; cependant on peut conseiller comme moyens ordinaires un *aperçu général de l'objet*, une *remarque rapide*, une *exclamation*, une *interrogation* que l'écrivain fait aux autres ou se fait à lui-même, comme pour sortir d'un doute. On a parfois besoin en effet de s'assurer si on est compris, d'aider à l'intelligence de l'auditeur, de le ramener au but dont il peut être détourné ou dont on l'a éloigné à dessein.

Les RÉFLEXIONS sont *générales* ou *particulières* ; elles *éclairent* tantôt *le tableau entier*, tantôt *ses parties* ; elles préparent l'esprit de l'auditeur à l'attention, la soutiennent et la raniment ; elles mêlent un avis, un conseil, un blâme, une leçon à un amusement ; elles varient le mouvement du discours à l'aide d'une parenthèse, d'une interrogation, d'une exclamation ; elles facilitent le passage d'une idée à une autre ; enfin, donnant du poids à des choses qui paraissent légères par elles-mêmes, elles terminent le récit d'une manière sentencieuse.

Les LIEUX COMMUNS se tirent des *circonstances*, de ce qui a pu ou dû accompagner le fait, de ce qui l'a précédé, suivi, causé, de ce qui en est résulté ; ce sont *des rapports de ressemblance*, de *différence*, d'*opposition*, de *contrariété* dans l'ensemble du sujet ou dans ses parties avec d'autres faits, le *lieu* où il s'est passé, la *manière* dont il a été exécuté, les *instruments* qui ont servi à son exécution.

Les ACCESSOIRES sont une mine féconde ; mais on ne doit jamais l'exploiter sans nécessité, par le seul désir d'amplifier. Écoutons encore les conseils de Boileau :

> Un auteur quelquefois, trop plein de son objet,
> Jamais sans l'épuiser n'abandonne un sujet ;
> S'il rencontre un palais il m'en dépeint la face ;
> Il me promène après de terrasse en terrasse ;
> Ici s'offre un perron, là règne un corridor ;
> Là ce balcon s'enferme en un balustre d'or ;
> Il compte des plafonds les ronds et les ovales ;
> Ce ne sont que festons, ce ne sont qu'astragales ;
> Je saute vingt feuillets pour en trouver la fin,
> Et je me sauve à peine au travers du jardin...
> Qui ne sait se borner ne sut jamais écrire.

La partie du discours qui dépeint soit une *action*, un *événement*, un *phénomène*, une *succession de pensées* ou de *sentiments* ; soit l'*extérieur*, la *figure*, l'*air*, le *maintien des personnages* ; soit leurs *vertus*, leurs *vices*, leurs *qualités* ou leurs *défauts* ; soit l'époque *d'un événement* par ses circonstances ; soit enfin *le lieu de la scène*, comme un *temple*, un *palais*, un *paysage*, etc., prend le nom générique de DESCRIPTION, sorte d'*accessoire* qui plaît parce qu'il parle à l'*imagination*. Quand c'est une *espèce d'hommes*, un *individu* que la Description caractérise, on lui donne le nom de PORTRAIT ; quand deux *portraits* sont rapprochés l'un de l'autre pour en constater les *rapports de ressemblance ou de différence*, elle prend le nom de PARALLÈLE.

> Soyez riche et pompeux dans vos descriptions.
>
> Boileau.

Quelquefois une *description* est assez étendue pour former à elle seule un tout, et dans ce cas elle doit s'asservir aux règles générales de la *Narration*, qui concernent l'*ordre* et la *clarté*.

ACCESSOIRES.

Intérêt artificiel.

Faire ressortir l'objet par { une comparaison, une opposition, un contraste.

Captiver l'attention par { un aperçu général, une remarque rapide, une exclamation.

une interrogation { aux autres, à soi-même.

Ménager une surprise.
Tenir en suspens la curiosité.

Réflexions.

Générales.
Particulières.
Eclairer le tableau { en entier, en partie.
Préparer
Soutenir } l'attention.
Ranimer
Varier le mouvement du discours.
Former une transition.
Donner { un avis, un conseil, un blâme, une leçon.

Lieux communs.

Détail des circonstances.
Lieu { un palais, un temple, un paysage.
Manière dont le fait s'est passé.
Antécédents.
Conséquents.
Cause.
Effets.
Ressemblances.
Dissemblances.
Opposition.
Contrariété.

Du pathétique.

37. Le PATHÉTIQUE est la qualité du récit propre à émouvoir les *passions*; il est *Indirect* ou *Direct*.

INDIRECT, quand il nous émeut par le simple récit d'une action touchante.

DIRECT, lorsqu'au moyen des mouvements de la plus haute éloquence l'écrivain fait passer dans notre âme les sentiments dont il est rempli.

Le premier est appelé *Indirect*, parce qu'il se com-

munique par un intermédiaire qui ne se montre point
ému ; le deuxième *Direct*, parce qu'il passe immédiatement du narrateur à l'auditeur.

Ainsi le PATHÉTIQUE INDIRECT se montre *calme,* il se
contente de dire ce qu'une action a de terrible ou de
touchant, de propre à exciter l'indignation, la révolte, et il a d'autant plus d'effet que le récit est plus
simple. Le PATHÉTIQUE DIRECT, au contraire, est *pas-
sionné;* il exprime avec chaleur son enthousiasme
pour la vertu et son horreur pour le crime; il com-
patit aux faiblesses humaines et gémit sur les malheurs de l'innocence, de la jeunesse et de la beauté.

Le PATHÉTIQUE DIRECT est ridicule, quand il ne répond
pas au caractère connu de celui qui l'emploie; il est
de la plus grande éloquence, quand il est dans la
bouche d'un homme vertueux; mais il doit être manié
adroitement. Aussi, pour qu'il frappe à coup sûr, il est
bon qu'il soit précédé du *Pathétique indirect.*

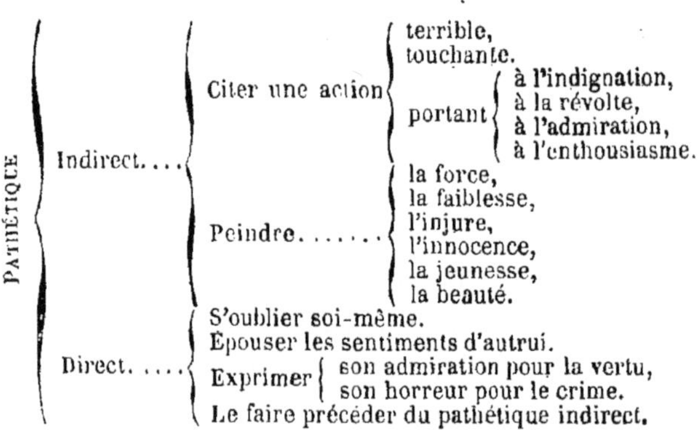

Des figures.

38. Les FIGURES sont des *manières de s'exprimer* qui
donnent aux sentiments et aux pensées plus de force,

de vivacité, de noblesse ou d'agrément. Elles ont leur source dans notre nature intellectuelle et morale. Cependant ce qui a aussi nécessité quelquefois le *langage figuré*, c'est l'*imperfection des langues*; l'imagination y suppléa ; elle transporta la dénomination des objets matériels aux idées pour lesquelles les termes propres manquaient.

On distingue *deux sortes de Figures* : les *Figures de pensées* et les *Figures de mots*.

Nous ne parlerons d'abord que des *Figures de pensées*; les *Figures de mots*, qui ne se rattachent point au fond mais à la forme de la *Narration*, viendront à la place qui leur est naturelle.

Figures de pensées.

39. On appelle Figures de pensées les *Figures* qui consistent dans la *pensée*, dans le *sentiment* ou le *tour d'esprit*, indépendamment de l'expression, c'est-à-dire que, l'*expression* venant à changer, si la *pensée* reste la même, la *figure* subsiste.

Les principales *figures de pensées* sont l'*Hyperbole*, la *Litote*, l'*Ironie*, la *Comparaison*, l'*Antithèse*, la *Gradation*, l'*Exclamation*, l'*Interrogation*, l'*Apostrophe*, la *Prosopopée*, l'*Imprécation*, l'*Épiphonème*, la *Prétérition*, la *Suspension*.

Hyperbole.

40. L'Hyperbole est une exagération en deçà ou au delà de la vérité. Elle est bonne si elle est l'expression fidèle de la passion. Cette figure donne au style beaucoup de vivacité. Lorsque Fléchier a dit en racontant

la mort de Turenne : « *Des ruisseaux de larmes cou-*
lèrent des yeux de tous les assistants, » il a fait une
bonne *hyperbole*, l'expression *ruisseaux* répondant à
l'*extrême douleur* qu'il voulait peindre.

Litote.

41. La LITOTE fait entendre affirmativement une
chose, en niant que le contraire ait lieu.

Va, je ne te hais point,

dit Chimène à Rodrigue dans le *Cid*. C'est comme si
elle disait : *Loin de te haïr, je t'aime*; mais, par un
sentiment de pudeur, elle tait la seconde proposition.

Dans *Phèdre,* la même délicatesse inspire Aricie,
lorsqu'elle dit à Hippolyte :

> J'accepte tous les dons que vous voulez me faire,
> Mais cet empire enfin, si grand, si glorieux,
> *N'est pas de vos présents le plus cher à mes yeux.*

La *Litote* est *bonne*, quand elle est *fine*, et que les
circonstances laissent entendre ce qu'elle ne dit pas
précisément.

Ironie.

42. L'IRONIE dit amèrement le contraire de ce
qu'elle signifie.

> Où courent ces guerriers ?...
> *Sans doute l'honneur les enflamme ?*
> *Ils vont pour un assaut former leurs rangs épais ?*

Non, ces guerriers sont des Anglais
Qui vont voir mourir une femme.
Qu'ils sont nobles dans leur courroux!
Qu'il est beau d'insulter au bras chargé d'entraves!

C. de Lavigne.

Les 2ᵉ, 3ᵉ, 6ᵉ et 7ᵉ vers sont ironiques.

Comparaison.

43. La Comparaison *rapproche deux idées diffé-rentes, mais analogues*, pour orner, fortifier ou éclairer le discours.

« Il périssait, tel qu'une fleur qui, étant épanouie le matin, répand ses doux parfums dans la campagne et se flétrit peu à peu vers le soir. Ses vives couleurs s'effacent ; elle se dessèche et sa belle tête se penche, ne pouvant plus se soutenir. Ainsi le fils d'Ulysse était aux portes de la mort. » (Fénelon.)

On conçoit que des ornements de cette nature *enrichissent le style.*

Antithèse.

44. L'Antithèse *oppose des pensées les unes aux autres* pour les faire mieux ressortir.

« M. de Turenne *vainqueur* des ennemis de l'État, ne causa jamais à la France une joie si universelle et si sensible que M. de Turenne *vaincu* par la vérité et soumis au joug de la foi. » (Mascaron.)

On doit être *sobre d'antithèses*. Elles demandent beaucoup de *naturel* pour plaire, et même avec cette qualité, si elles étaient trop fréquentes, leur éclat finirait par lasser et ennuyer.

2.

Contraste.

45. Le Contraste diffère de l'*Antithèse* en ce qu'il *oppose des idées accessoires les unes aux autres*, tandis que dans l'*Antithèse* l'opposition tombe sur des *idées principales*. Par exemple, dans cette phrase : « L'*enfer* est dans le *cœur*, le *ciel* est dans les *yeux* d'un *hypocrite*, » c'est sur les mots *cœur* et *yeux*, idées accessoires *du mot hypocrite*, que tombe l'opposition exprimée par les mots *enfer* et *ciel*.

Gradation.

46. La Gradation *assemble plusieurs idées qui enchérissent les unes sur les autres.*

Elle est *ascendante*, quand elle *fortifie graduellement l'idée première*, comme dans cet exemple de Massillon : « La marque la plus sûre…. qu'on est encore dans le monde, c'est lorsqu'on le *craint plus que la vérité*, qu'on le *ménage aux dépens de la vérité*, qu'on *veut lui plaire malgré la vérité*, et qu'on *lui sacrifie sans cesse la vérité.* »

Elle est *descendante*, quand elle *détruit ou affaiblit graduellement la première idée*, comme dans cet exemple du même orateur : « Il ne faut au prince ni *efforts* ni *étude* pour se concilier les cœurs, une seule *parole*, un *sourire gracieux*, un *seul regard* suffit. »

Exclamation.

47. L'Exclamation, abandonnant la marche du discours, *se livre aux élans impétueux d'un sentiment vif et subit.* Ainsi Bossuet dans l'oraison funèbre de Hen-

riette-Anne d'Angleterre, après avoir dit : « Nous de-
vrions être assez convaincus de notre néant ; mais, s'il
faut des coups de surprise à nos cœurs enchantés de
l'amour du monde, celui-ci est assez grand et assez
terrible, » s'écrie subitement : « *O nuit désastreuse !
ô nuit effroyable ! où retentit tout à coup comme un
éclat de tonnerre cette étonnante nouvelle : Madame
se meurt, Madame est morte !* »

Cette figure, employée à propos et avec modération,
donne du *mouvement* et de la *force* au discours.

Interrogation.

48. L'INTERROGATION semble porter sa définition en
elle-même et être destinée à éclaircir un doute. Cependant elle *affirme un fait,* même *avec plus de vivacité*
que si la proposition avait la forme simple de l'affir-
mation. Ainsi, lorsqu'à la suite de l'exclamation que
nous venons de citer, Bossuet ajoute : « *Qui de
nous ne se sentit frappé à ce coup, comme si quelque tragique accident avait désolé sa famille ?* » il
s'est énoncé d'une manière plus *forte* et plus *vive* que
s'il avait dit simplement : « *nous nous sentîmes tous
frappés,* etc. »

L'*Interrogation* peut sans inconvénient *revenir souvent* dans le discours ; et, lorsque *plusieurs interroga-
tions* y sont *accumulées,* il en résulte quelquefois une
grande véhémence.

Apostrophe.

49. L'APOSTROPHE, paraissant perdre de vue ceux à
qui l'on parle, *s'adresse tout à coup aux êtres absents
ou invisibles, animés ou inanimés, naturels ou méta-*

physiques. Dans l'oraison funèbre de M. de Turenne, Fléchier s'écrie : « Villes, que nos ennemis s'étaient déjà partagées, vous êtes encore dans l'enceinte de notre empire; provinces qu'ils avaient déjà saccagées dans le désir et dans la pensée, vous avez encore recueilli vos moissons. Vous durez encore, places que la nature et l'art ont fortifiées et qu'ils avaient dessein de démolir, et vous n'avez tremblé que sous des projets frivoles d'un vainqueur en idée, qui comptait le nombre de nos soldats, et qui ne songeait pas à la sagesse de leur capitaine. »

Cette figure donne au discours *beaucoup de dignité et de noblesse.*

Prosopopée.

50. La Prosopopée, plus hardie que l'Apostrophe, *fait parler et agir toute la nature.* Ainsi Fléchier, pour affirmer la vérité des éloges qu'il donne au duc de Montausier, et assurer qu'il n'oserait employer ni la fiction, ni le mensonge, s'exprime ainsi : « Ce tombeau s'ouvrirait, ces ossements se rejoindraient et s'animeraient pour me dire : Pourquoi viens-tu mentir pour moi qui ne mentis pour personne? Ne me rends pas un honneur que je n'ai pas mérité. Laisse-moi reposer dans le sein de la vérité et ne viens pas troubler ma paix par la flatterie que je hais. Ne dissimule pas mes défauts et ne m'attribue pas mes vertus. Loue seulement la miséricorde de Dieu qui a voulu m'humilier par les uns et sanctifier par les autres. »

La Prosopopée est de toutes les figures la plus belle et la plus hardie. Aussi faut-il en être *très-économe,* comme de l'Apostrophe.

Épiphonème.

51. L'ÉPIPHONÈME est une *réflexion ordinairement courte, qui termine un raisonnement ou un récit.* Elle en résume pour ainsi dire la substance. Elle s'énonce souvent par *une exclamation.* « Notre chair, dit Bossuet, en parlant de la mort, change bientôt de nature ; notre corps prend un autre nom ; même celui de cadavre ne lui reste pas longtemps ; il devient un je ne sais quoi qui n'a plus de nom dans aucune langue. *Tant il est vrai que tout meurt avec lui, jusqu'à ces termes funèbres par lesquels on exprime ces malheureux restes !* »

Prétérition.

52. La PRÉTÉRITION *feint de passer sous silence ce qu'elle dit très-clairement,* comme dans cet exemple de Massillon : « Vous vous figurez des amertumes dans le parti de la vertu : mais *sans parler des divines consolations que Dieu prépare ici-bas même à ceux qui l'aiment ; sans parler de cette paix intérieure, fruit de la bonne conscience qu'on peut appeler en même temps et un avant-goût et le gage de la félicité qui est réservée dans le ciel aux âmes fidèles ; sans vous dire avec l'Apôtre que tout ce qu'on peut souffrir sur la terre n'est pas digne d'être comparé avec la récompense qui nous attend ; si vous étiez de bonne foi et que vous voulussiez nous exposer naïvement tous les désagréments qui accompagnent la vie du siècle, que ne diriez-vous pas ! et que ne dirait-on pas tous les jours là-dessus dans le siècle !* »

Suspension.

55. La SUSPENSION *tient dans l'attente et surprend ensuite par quelque chose d'imprévu.* Écoutons encore Bossuet : « La reine d'Angleterre Henriette Marie, surtout dans ses dernières années, remerciait humblement Dieu de deux grandes choses; l'une, de l'avoir faite chrétienne, l'autre, *messieurs, qu'attendez-vous? Peut-être d'avoir rétabli les affaires du roi, son fils? Non, c'est de l'avoir faite reine malheureuse.* »

Rien n'est plus propre que cette figure à *réveiller l'attention,* à *exciter la curiosité,* à *causer la surprise* et l'*admiration.*

FIGURES de pensées.
{
Hyperbole.
Litote.
Ironie.
Comparaison.
Antithèse.
Contraste.
Gradation.
Exclamation.
Interrogation.
Apostrophe.
Prosopopée.
Epiphonème.
Prétérition.
Suspension.
}

CINQUIÈME TABLEAU GÉNÉRAL.

QUALITÉS ACCIDENTELLES-TENANT AU FOND DE LA NARRATION.

Accessoires.

Intérêt artificiel.

- Faire ressortir l'objet par { une comparaison, une opposition, un contraste.
- Captiver l'attention par { un aperçu général, une remarque rapide, une exclamation, une interrogation { aux autres, à soi-même.
- Ménager une surprise.
- Tenir en suspens la curiosité.

Réflexions

- Générales.
- Particulières.
- Éclairer le tableau { en entier, en partie.
- Préparer / Soutenir / Ranimer } l'attention.
- Varier le mouvement du discours.
- Former une transition.
- Donner { un avis, un conseil, une leçon.

Lieux communs.

- Antécédents.
- Conséquents.
- Cause.
- Effet.
- Circonstances { de temps, de lieu, de moyens, de manière.
- Ressemblances.
- Dissemblances.
- Opposition.
- Contrariété.

Pathétique.

- Indirect
  - citer un fait { terrible, touchant, capable { d'indigner, de révolter, d'enthousiasmer.
  - peindre. . . { la force, la faiblesse, l'injure, l'innocence, la jeunesse, la beauté.
- Direct
  - s'oublier soi-même.
  - épouser les sentiments d'autrui.
  - exprimer { son admiration pour la vertu, son horreur pour le crime.
  - le faire précéder du pathétique indirect.

Figures de pensées.

- Hyperbole.
- Litote.
- Ironie.
- Comparaison.
- Antithèse.
- Contraste.
- Gradation.
- Exclamation.
- Apostrophe.
- Prosopopée.
- Epiphonème.
- Prétérition.
- Suspension.

FORME.

QUALITÉS NÉCESSAIRES A LA FORME DE LA NARRATION.

54. Il y a QUATRE QUALITÉS NÉCESSAIRES A LA FORME DE LA NARRATION : la *Clarté*, la *Vivacité*, la *Variété*, le *Naturel*.

Clarté.

55. La *Clarté* permet de saisir facilement toute l'économie du discours. Elle exige plusieurs autres qualités : 1° La *Propriété* qui, se réglant sur la convenance du *mot* ou de l'*expression* avec les *idées*, se renferme dans leurs limites. 2° La *Pureté* (168), qui, fidèle aux *lois* et aux *usages de la langue*, non-seulement fuit les *incorrections grammaticales* (169), les *associations de mots extraordinaires, bizarres, choquantes* et surtout l'*abus de la néologie*, mais encore, dans la construction de la phrase ou de la période, place avec discernement les *termes relatifs* et n'admet que les *inversions avouées*. 3° La *Concision* qui, ennemie de la *lenteur* et de l'*obscurité*, n'emploie que des *parenthèses nécessaires*, des *phrases et des périodes d'une juste étendue*, et, rejetant tout *mot inutile*, se garde pourtant de tomber dans la *sécheresse*.

```
                    ( des mots.
       Propriété.. {
                    ( des expressions.
                                     ( sur la déclinaison,
                     ni solécisme.. { sur la conjugaison,
                                     { sur la concordance,
                                     ( sur le régime.
CLARTÉ {                             ( mots inusités.
       Pureté..... { ni barbarisme  { sons insolites.
                                     {                       ( choquante,
                                     ( association de mots  { extraordinaire,
                                                             ( bizarre.
                     construction.. { termes relatifs bien placés,
                                     ( inversions avouées.
                     parenthèses.. { opportunes,
                                     ( peu longues.
                     juste étendue { des phrases,
       Concision.. {                ( des périodes.
                     point de termes inutiles.
                     ( point de sécheresse.
```

Vivacité.

56. C'est peu de ne pas être *lente,* la marche de la *Narration* doit être *vive.* Cependant, si trop de *lenteur* endort, trop de *vivacité* nuit à l'*intelligence des faits.* Que les *idées se pressent* donc *sans s'accumuler* ; rien de trop, point de désordre, point de gêne ; que tout se détache net et distinct.

VIVACITÉ. { Idées pressées.
Aisance.
Netteté.

Variété.

Voulez-vous du public mériter les amours ?
Sans cesse en écrivant *variez* vos discours.

Boileau.

57. Ainsi, que le *discours direct* succède au *discours indirect,* que l'*interrogation* presse l'auditeur, que l'*exclamation* le ranime et, mettant en lumière la *pensée* ou le *sentiment,* leur donne plus de *force* et d'*énergie* ; qu'enfin les différentes périodes et les phrases simples soient mélangées judicieusement.

VARIÉTÉ. { Discours { direct, indirect. } Forme... { interrogative, exclamative. mélange { de périodes, de phrases simples. } }

Naturel.

58. Le NATUREL, contraire à tout ce qui sent la *contrainte* et l'*affectation,* l'*effort* et l'*apprêt,* a une *marche aisée, gracieuse,* et prend toujours le ton qui convient à la pensée.

NATUREL. { Ni apprêt.
Ni affectation.
Ni effort.
Ton convenable au sujet.

SIXIÈME TABLEAU GÉNÉRAL.

QUALITÉS NÉCESSAIRES A LA FORME DE LA NARRATION.

Clarté.

- Propriété { des mots, / des expressions.
- Pureté...
  - ni solécisme { sur la déclinaison, / sur la conjugaison, / sur la concordance, / sur le régime.
  - ni barbarisme
    - { mots inusités. / sons insolites.
    - association de mots { choquante, / extraordinaire, / bizarre.
  - construction.. { termes relatifs bien placés, / inversions avouées.
  - parenthèses.. { opportunes, / peu longues.
- Concision
  - juste étendue { des phrases, / des périodes.
  - point de mots inutiles.
  - point de sécheresse.

Vivacité.

- Idées pressées.
- Aisance.
- Netteté.

Variété.

- discours { direct, / indirect.
- forme... { interrogative, / exclamative.
- mélange { de périodes, / de phrases simples.

Naturel.

- ni apprêt.
- ni affectation.
- ni efforts.
- ton convenable.

QUALITÉS ACCIDENTELLES TENANT A LA FORME DE LA NARRATION.

59. Les QUALITÉS ACCIDENTELLES qui tiennent à la *Forme de la Narration* sont : le *Dramatique,* l'*Harmonie,* l'*Élégance* et les *Figures de mots.*

Dramatique[1].

60. Le STYLE est DRAMATIQUE, lorsque l'écrivain, au lieu de raconter ou de décrire lui-même, met en scène et fait parler ou agir entre eux les personnages. La Fontaine, dans la fable du chien et du loup, nous en donne un exemple. Quand le loup a vu le cou du chien pelé et qu'il l'a questionné à ce sujet, alors commence entre les deux personnages ce court dialogue :

> *Rien. — Quoi! rien ? — Peu de chose. —*
> *Mais encor ? — Le collier dont je suis attaché*
> *De ce que vous voyez est peut-être la cause.*

Supposez dans ce passage les transitions « *repartit le chien* » « *dit le loup,* » ou toute autre semblable, ce sera l'auteur qui parlera, et le style cessera d'être *Dramatique.*

DRAMATIQUE : Personnages { parlant entre eux, agissant entre eux.

---

[1] *Dramatique* se dit par extension d'une peinture vive et animée de l'action, des événements, lorsque l'auteur n'a pas même fait usage des formes dramatiques.

Quand l'action dramatique proprement dite est un entretien entre deux personnages, elle prend le nom de DIALOGUE.

Harmonie.

61. Nous avons un sens délicat qu'il est bon de consulter.

> Il est un heureux choix de mots harmonieux ;
> Fuyez des mauvais sons le concours odieux ;
> Le vers le mieux rempli, la plus noble pensée,
> Ne peut plaire à l'esprit, quand l'oreille est blessée.
>
> Boileau.

L'*Harmonie*, il est vrai, est naturelle à l'homme, et avec un peu d'usage, il ne peut manquer, même sans qu'il y songe, de la rencontrer ; car c'est comme instinctivement qu'il choisit et mélange des sons différents d'intensité et de durée ; qu'il construit habilement ses phrases et ses périodes, les coupe, les enchaîne et en diversifie le nombre. Il suffit donc de recommander en général d'éviter tout ce qui pourrait choquer l'oreille. Telle est la raison qui nous a empêché de parler de l'*Harmonie* comme *qualité nécessaire*.

Mais comme *qualité accidentelle*, elle est souvent d'un tel effet qu'elle mérite notre attention. Ici, *dans les mots* elle forme ce qu'on appelle *onomatopée*, c'est-à-dire l'*image sonore de la pensée. Coucou, coq, bêlement, hurlement* sont de cette nature. Là, elle nous frappe *dans la contexture et l'ensemble de la phrase ou de la période*, comme dans cet hémistiche de Racine · « *L'essieu crie et se rompt ;* » dans ce vers de Voltaire : « *Enfonce en frémissant le parricide acier*, » dans ceux-ci, que nous extrayons de la description d'un orage par Saint-Lambert :

> *D'un tonnerre éloigné le bruit s'est fait entendre,*
> *Les flots en ont frémi, l'air en est ébranlé,*

Et le long du vallon le feuillage a tremblé.
Les monts ont prolongé le lugubre murmure,
Dont le son lent et sourd attriste la nature...
La foudre éclate, tombe, et des monts foudroyés
Descendent à grand bruit les graviers et les ondes
Qui courent en torrent dans les plaines fécondes.

Ce n'est plus le discours avec son *harmonie ordinaire*, c'est une *musique appropriée aux idées*, et qui, lorsqu'elle est passagère et peu prolongée, nous captive et nous enchante.

HARMONIE { mots.
phrases.
périodes.

Élégance.

62. L'ÉLÉGANCE exige *la pureté du langage*, sans doute ; mais il lui faut de plus quelque chose d'exquis. Elle rejette *tout terme lourd, bas, vulgaire, trivial,* ou elle *les relève par des accessoires, par une épithète, par un contraste.*

Et je n'ai plus trouvé qu'un horrible mélange
D'os et de chair meurtris et traînés dans la fange,
Des lambeaux pleins de sang et des membres affreux,
Que des *chiens dévorants* se disputaient entre eux....

Tu le vois tous les jours devant toi prosterné
Humilier ce front de splendeur couronné,
Et, confondant l'orgueil par d'augustes exemples,
Baiser avec respect *le pavé* de tes temples.

Ici, l'épithète *dévorants* fait passer le mot *chien* ; là, *le contraste que forment le caractère auguste du personnage* et son *humilité,* relève l'expression *baiser le pavé.*

ÉLÉGANCE { n'employer aucun mot.. { bas, vulgaire, trivial. ǀ relever l'expression par { une épithète, un contraste.

Figures de mots.

63. Les Figures de mots se subdivisent en *Figures de mots proprement dites* et en *Tropes*.

FIGURES DE MOTS PROPREMENT DITES.

64. Les Figures de mots proprement dites consistent tout entières dans les mots. Changez ces mots, les Figures disparaissent. Elles sont de deux espèces : syntaxiques et oratoires.

FIGURES DE MOTS SYNTAXIQUES.

65. Les Figures de mots syntaxiques sont l'*Ellipse*, le *Pléonasme*, l'*Hyperbate*, la *Syllepse*, l'*Hypallage*.

Ellipse.

66. L'Ellipse supprime des mots nécessaires à la construction et inutiles au sens. Quand Racine fait dire à Hermione :

> *Je t'aimais inconstant, qu'aurais-je fait fidèle !*

Il y a *Ellipse* des mots : *si tu eusses été* devant l'attribut *fidèle*. Cette figure rend le discours plus *vif* et plus *rapide*.

Pléonasme.

67. Le Pléonasme emploie des mots inutiles au sens.

> Je l'ai *vu*, dis-je, *vu*, de *mes propres yeux vu*,
> Ce qui s'appelle *vu*...
> Puissé-je *de mes yeux* y *voir* tomber la foudre !

Dans ces deux exemples, l'un de Molière et l'autre de Corneille, *de mes yeux* n'est pas ce qu'on appelle du remplissage ; il donne à l'*expression de la pensée plus de force et d'énergie* ; telle est la vertu du *Pléonasme*. Il ne doit point dégénérer, par une stérile abondance de mots, en *Périssologie* ou *Battologie*.

Hyperbate.

68. L'Hyperbate transpose l'ordre ordinaire de la syntaxe.

Du temple orné partout de festons magnifiques
Le peuple saint en foule inondait les portiques.

Racine.

L'ordre grammatical voudrait que le second vers fût le premier.

Syllepse.

69. La Syllepse fait accorder un mot avec la *pensée,* et non avec le *mot* auquel il se rapporte grammaticalement.

Entre le pauvre et vous, vous prendrez Dieu pour juge,
Vous souvenant, mon fils, que, caché sous ce lin,
Comme *eux* vous fûtes pauvre et comme *eux* orphelin.

Il aurait fallu, d'après les lois ordinaires de la Syntaxe, dire *lui* et non pas *eux.*

Hypallage.

70. L'Hypallage attribue à certains mots de la phrase ce qui appartient à d'autres mots de la même phrase, sans qu'il soit possible de se méprendre au sens. Elle dit : *rendre l'homme au bonheur,* au lieu de *rendre le bonheur à l'homme.*

FIGURES DE MOTS ORATOIRES.

71. Les Figures de mots oratoires sont : la *Répétition,* la *Conjonction,* la *Disjonction,* l'*Apposition.*

Répétition.

72. La Répétition ramène plusieurs fois un mot ou

une expression importante pour donner plus de force à la pensée.

Achille irrité contre Agamemnon, et lui rappelant le motif qui l'a conduit devant les murs de Troie, s'exprime ainsi :

> Je n'y vais que *pour vous*, barbare que vous êtes,
> *Pour vous* à qui des Grecs moi seul je ne dois rien,
> *Vous* que j'ai fait nommer et leur chef et le mien,
> *Vous*, que mon bras vengeait dans Lesbos enflammée
> Avant que vous eussiez assemblé votre armée.

Conjonction.

75. La CONJONCTION répète les particules copulatives pour donner de la vigueur à l'expression.

> On égorge à la fois les enfants, les vieillards,
> *Et* la sœur, *et* le frère,
> *Et* la fille, *et* la mère.
>
> Racine.

Disjonction.

74. La DISJONCTION omet les particules ou les transitions, pour rendre le discours plus rapide, plus animé.

> *Français, Anglais, Lorrains* que la fureur rassemble
> *Avançaient, combattaient, frappaient, mouraient* ensemble.

> *Regardez-bien, ma sœur,*
> *Est-ce assez, dites-moi. N'y suis-je point encore?*
> *— Nenni.— M'y voici donc?— Point du tout.— M'y voilà?*
> *Vous n'en approchez point.*

Dans le premier exemple de Voltaire *point de particules ligatives.* Dans le second, de La Fontaine, *point de transitions.* C'est ce qui constitue, comme nous l'avons vu plus haut, le *style dramatique.*

Apposition.

75. L'Apposition joint un substantif à un autre substantif immédiatement, par une *espèce d'ellipse*. *Cicéron, l'orateur romain; Attila, le fléau de Dieu*, sont des *appositions*. C'est comme si on disait · *Cicéron qui est l'orateur romain; Attila qui est le fléau de Dieu*, où l'on voit que le second substantif est attribut.

TROPES.

76. On nomme Tropes (d'un mot grec qui signifie *tourner, changer*) des *figures* qui changent la signification propre des mots pour leur en donner une empruntée. Ces *figures* sont : la *Métaphore*, l'*Allégorie*, la *Catachrèse*, la *Métonymie*, la *Métalepse*, la *Synecdoche*, l'*Antonomase* et l'*Antiphrase*.

Métaphore.

77. La Métaphore transporte la signification propre d'un mot à une autre signification qui ne lui convient que par comparaison. Dans cette phrase : « Le mensonge se pare souvent des *couleurs de la vérité*; le mot *couleurs* qui se dit *au propre* des *objets physiques*, s'applique ici aux *êtres métaphysiques mensonge* et *vérité*. Et même dans cette phrase tout est *métaphore*, car le mot *parer* personnifie la *vérité* et le *mensonge*, idées abstraites, et s'*harmonise* avec l'expression *couleurs*. Tel est le *langage figuré*. Il parle du *monde intellectuel* et *moral* comme du *monde physique*, et il nous devient si familier que nous finissons par l'employer à notre insu.

Allégorie.

78. L'ALLÉGORIE est une *métaphore prolongée*. Elle substitue à l'objet dont on veut parler un autre objet qui lui ressemble, et elle règle toutes les expressions du discours sur cette substitution. La Cour, par ses dangers, ressemble à une mer; l'imagination de La Fontaine saisit cette idée, et réglant sur le mot *mer* toutes ses expressions, il en tire ces beaux vers :

> Lorsque *sur cette mer on vogue à pleines voiles*,
> Qu'on croit avoir pour soi *les vents et les étoiles*,
> Il est bien malaisé de régler ses désirs.
> Le plus sage s'endort *sur la foi des zéphyrs*.

Catachrèse.

79. La CATACHRÈSE est une *espèce de métaphore* qui supplée à des mots que la langue ne possède pas. On dit une *feuille de papier*, faute de pouvoir s'exprimer autrement, quoique le mot *feuille* ne s'applique proprement qu'à une partie de l'*arbre*.

Métonymie.

80. La MÉTONYMIE, ou changement de nom, emploie : 1° *la cause pour l'effet* : Vivre *de son travail*, pour de ce que l'on gagne en travaillant; 2° *l'effet pour la cause* : La *pâle mort*, c'est l'homme mort qui est pâle; 3° *le contenant pour le contenu* : Il aime *la bouteille*, pour le vin qui est dans la bouteille; 4° *le signe pour la chose signifiée* : l'*épée*, la *robe*, pour la *profession militaire*, la *magistrature*; 5° *le nom du lieu où une chose se fait* pour la chose même : Un *damas*, c'est-à-dire un *couteau fait à Damas*; 6° *le nom abstrait* pour le *nom concret* : *L'esclavage* obéit, pour les *esclaves* obéissent ; 7° *les parties du corps, siéges des passions et des sentiments*, pour *les passions* et *les sentiments* : Il a *du cœur*, pour il a *du courage* ; 8° *le nom du maître de la maison* pour *la maison même* : *Paul est inondé.*

Métalepse.

81. La MÉTALEPSE prend *l'antécédent pour le consé-quent. Il a vécu*, pour *il est mort* ; ou *le conséquent pour l'antécédent : Nous le pleurons*, pour *il est mort.*

Synecdoche.

82. La SYNECDOCHE prend : 1° *le genre pour l'espèce : Les mortels* pour *les hommes*, ou *l'espèce pour le genre :* la saison *des roses* pour la saison *des fleurs* ; 2° *la partie pour le tout :* cent *voiles* pour cent *vaisseaux*, où *le tout pour la partie :* Un chapeau de *castor* pour de poil de castor ; 3° *le singulier pour le pluriel : l'ennemi* vient à nous, pour *les ennemis* viennent à nous ; *le pluriel pour le singulier : les Racine, les Corneille, les Boileau*, pour *Racine, Corneille, Boileau* ; 4° *le nom de la matière* pour *la chose qui en est faite : l'airain* pour le *canon.*

Antonomase.

83. L'ANTONOMASE est une *espèce de Synecdoche* qui met un *nom commun* ou une *périphrase* à la place d'un *nom propre : L'Apôtre*, pour *saint Paul* ; *l'Orateur grec*, pour *Démosthènes* ; ou bien un *nom propre à la place d'un nom commun :* Un *Néron*, pour un *prince cruel.*

Antiphrase.

84. L'Antiphrase dit l'opposé de ce qu'elle veut dire : Quinault est un *Virgile,* pour Quinault est un *mauvais poëte.*

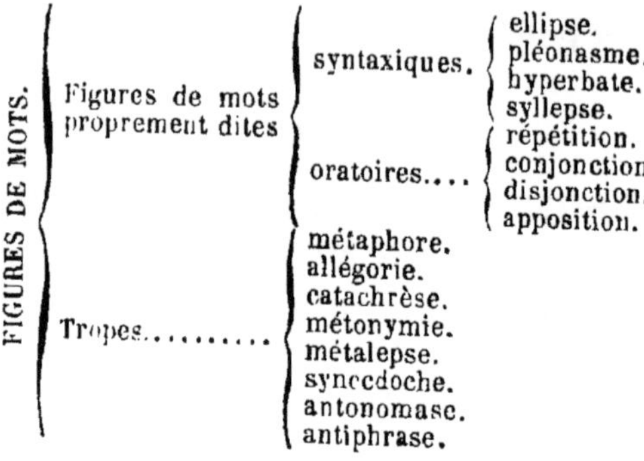

SEPTIÈME TABLEAU GÉNÉRAL.

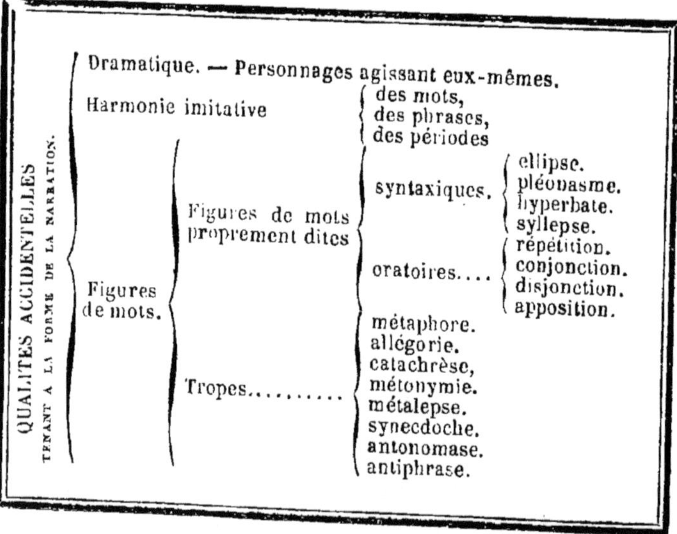

CHAPITRE IV.

ANALYSES.

—

NARRATION HISTORIQUE.

SUJET : GUILLAUME TELL.

85. Albert, empereur d'Allemagne, avait résolu de faire de la Suisse un État héréditaire pour la maison d'Autriche. Par ses présents et ses caresses, il amena les plus influents à lui décerner une sorte de pouvoir ; puis il fit bâtir des forteresses dans différents cantons, et cherchant l'occasion d'aller occuper tout le pays les armes à la main, il y envoya des gouverneurs avec ordre de maltraiter le peuple et de le pousser à la révolte. Gisler, gouverneur du canton de Schwitz et d'Uri, fit mettre son bonnet au bout d'une pique, et ordonna que tous ceux qui passeraient lui rendissent les mêmes hommages qu'à sa personne. Mais Guillaume Tell, natif du canton d'Uri, engagea ses compatriotes à regarder ce bonnet avec mépris et passa le premier devant avec un air de fierté. Ses compagnons l'imitèrent. Des témoins dénoncèrent Tell au gouverneur qui le fit venir et lui demanda les détails du complot. Tell garda le silence. Gisler lui ordonna alors de placer une pomme sur la tête de l'aîné de ses fils âgé de quatre ans, et de l'abattre avec une flèche, ajoutant que le père et l'enfant périraient si la pomme ou la tête n'était touchée. Voyant le tyran inflexible, Tell ajuste la pomme qui tombe sans que l'enfant soit blessé.

DÉVELOPPEMENT.

86. Albert, empereur d'Allemagne, avait résolu de soumettre les Suisses et de faire de leur contrée un État héréditaire pour la maison d'Autriche. Il capta les plus influents par ses présents et ses caresses, et les amena à lui décerner une sorte de pouvoir. Puis il fit bâtir des forteresses dans différents cantons, y envoya des gouverneurs et ordonna de traiter le peuple avec la dernière sévérité, afin de l'exciter à la révolte et de le mettre dans le cas d'aller occuper le pays, les armes à la main.

Si l'on avait usé de douceur et de fermeté en même temps à l'égard des Suisses, la souveraineté de cette nation était assurée à la maison d'Autriche; mais Gisler, gouverneur du canton de Schwitz et d'Uri, joignait à une imprudence extrême une fierté insupportable, une cruauté sans bornes. Il vit les Suisses saisis de crainte, il crut qu'il pouvait les traiter en esclaves. Il joignit l'outrage à la sévérité, fit mettre son bonnet au bout d'une pique qu'on planta au milieu d'une place publique, et ordonna que tous ceux qui passeraient, rendissent à ce bonnet les mêmes hommages qu'ils rendaient à sa personne. Tout le monde eut peur et tout le monde obéit. Mais Guillaume Tell, natif du canton d'Uri, homme fier, hardi et prêt à sacrifier sa vie à son honneur, rougit de l'avilissement dans lequel il voyait sa nation. Il assembla plusieurs de ses compatriotes, leur inspira son courage, les engagea à se rendre avec lui sur la place publique et à regarder le bonnet du gouverneur avec mépris. Il leur montra le premier l'exemple; il passa devant ce trophée de honte avec un air de fierté qui lui était naturel, et ses compagnons l'imitèrent.

Parmi les témoins de leur conduite, il s'en trouva plusieurs qui l'admirèrent; d'autres la blâmèrent et poussèrent la bassesse jusqu'à vouloir sacrifier la vie de Tell à leurs intérêts. Ils allèrent le dénoncer au gouverneur qui le fit arrêter sur-le-champ, et ordonna qu'on l'amenât devant lui. Lorsque Guillaume Tell est en sa présence, il lui demande avec dureté les détails du complot qu'il a formé. Tell le regarde avec fierté et ne daigne point lui répondre. Gisler lui fait les menaces les plus terribles; Tell garde encore un morne silence. Le gouverneur impatient résolut alors d'employer la tendresse paternelle pour vaincre sa fermeté.

Guillaume Tell avait trois fils; le plus grand n'était âgé que de quatre ans. Gisler condamne Tell à lui placer une pomme sur la tête, et à l'abattre avec une flèche, ajoutant qu'ils auraient tous deux la tête tranchée, si Guillaume ne touchait ni à la pomme ni à la tête de son fils.

Ce père infortuné va chercher ses armes et son fils. La contenance abattue de Tell, la figure agréable, l'air de douceur de son enfant jettent la consternation parmi les spectateurs. Tell place lui-même la pomme sur la tête de son fils et s'écarte à une distance marquée. Il emploie toutes sortes de moyens pour exciter la pitié du tyran, mais ils sont inutiles. Il lève les mains au ciel, implore son assistance, bande son arc, dirige son coup. La flèche part. Pères sensibles, et vous, mères tendres, quel mouvement ce spectacle n'excite-t-il pas dans votre cœur? Cessez de frémir, la pomme tombe et l'enfant n'est pas blessé.   (Richer.)

ANALYSE DU DÉVELOPPEMENT.

Exposition (25).

87. L'exposition est naturelle ; elle suit l'ordre logique des événements (26). Elle nous instruit de l'ambition d'Albert et de la complicité de Gisler, détails nécessaires à l'intelligence du fait principal (11). Elle indique aussi le lieu de la scène, une place publique dans le canton d'Uri en Suisse, et nous donne un aperçu sur les personnages du drame, les Suisses et Guillaume Tell (26).

L'historien, pénétré de son rôle, commence à juger les personnes et les choses sans indifférence comme sans passion (13). « *Si l'on avait usé*, dit-il, *de douceur et de fermeté en même temps à l'égard des Suisses, la souveraineté de cette nation était assurée à la maison d'Autriche.* » Cette réflexion, tirée du fond du sujet, est, au point de vue politique, un blâme et une leçon (36) ; au point de vue littéraire, un contraste (45) avec la conduite du gouverneur, et une transition au portrait (36) suivant. « *Mais Gisler joignait à une imprudence extrême une fierté insupportable, une cruauté sans bornes,* » gradation ascendante (46) qui résume toutes les phases du drame et y jette la lumière (36).

Après avoir dit que *Gisler vit les Suisses saisis de crainte*, l'historien ajoute : « *Il crut qu'il pouvait les traiter en esclaves ; il joignit l'outrage à la sévérité.* » Ainsi le cœur du coupable est sondé et sa conduite est jugée d'une manière précise, par des traits rapides et énergiques (13, 36, 33, 2°).

Plus loin, après le fait imprudent de Gisler, viennent ces mots : « *Tout le monde eut peur et tout le monde obéit* (36). » Que cette circonstance, comme quelques autres que nous croyons ne pas devoir rappeler, soit vraie ou non, qu'importe? Le récit n'eût pas souffert de son omission ; émise, elle paraît vraisemblable (34) et devient un ornement nécessaire, car elle a en partie le même mérite que la réflexion signalée plus haut, c'est-à-dire qu'elle forme aussi un contraste et une transition ; un contraste avec la conduite de Guillaume (45) et une transition au portrait du héros, « *homme fier, hardi, qui, prêt à sacrifier sa vie à son honneur, rougit de l'avilissement dans lequel il voyait sa nation* (32, 1°). »

Simple et grave, cette exposition convient à la couleur du sujet.

Des réflexions, des contrastes, des descriptions d'une juste étendue, et des transitions bien ménagées, la rendent claire, précise, intéressante.

Nœud (28).

88. Le nœud commence au moment où les personnages sont mis en rapport et où les événements se compliquent.

Gisler fait arrêter Guillaume, l'interroge avec dureté, exige de lui les détails du complot et ne les obtient pas. Il a recours aux menaces ; mais ce moyen ne lui réussissant pas encore, il attaque Guillaume dans sa tendresse paternelle en l'exposant à devenir le meurtrier de son enfant.

Guillaume Tell, de son côté, montrant l'exemple à ses compatriotes, passe d'abord devant le bonnet du

3.

gouverneur avec fierté; puis ne daignant point répondre à ses questions ni à ses menaces, il garde un morne silence (6, note). Condamné alors à mourir avec son fils ou à enlever avec une flèche une pomme placée sur cette tête si chère, il tombe dans l'abattement; il conserve pourtant assez de courage pour faire lui-même les apprêts qu'exige la cruelle sentence. Dès qu'il s'est écarté ensuite à une distance marquée et qu'il voit le tyran inflexible, il invoque enfin le secours du ciel, bande son arc et lance le trait.

L'intérêt va toujours croissant (28), et les caractères se soutiennent (34); car l'abattement du héros n'étonne pas (34); ce combat intérieur entre le père et le citoyen est naturel; le contraire eût révolté.

Ainsi tout rend le héros intéressant, patriotisme, tendresse paternelle et sentiments religieux.

Le sort de Guillaume et celui de son enfant, si jeune et si doux, inspirent naturellement la pitié (32); fort de cet avantage l'historien expose simplement les faits attendrissants et effrayants par eux-mêmes, de manière que le pathétique indirect (37) règne dans toute la scène. Il rend de plus cette scène frappante par la manière dont il nous met pour ainsi dire les choses sous les yeux, soit qu'il nous dépeigne (36) la conduite de Guillaume devant le gouverneur, soit qu'il le montre cherchant ses armes et se plaçant en face de son fils jusqu'à l'instant où la flèche part.

Dénoûment.

89. *L'enfant n'est pas blessé,* voilà le dénoûment, et, quelque miraculeux qu'il soit, l'invocation de Tell à l'Être suprême le rend vraisemblable (29).

Cependant il pouvait paraître court et brusque ; que fait l'écrivain ? (29) « *Pères sensibles*, s'écrie-t-il (49), *quel mouvement ce spectacle n'excite-t-il pas dans votre cœur !* et par cette apostrophe, qu'il jette au milieu des angoisses du lecteur, il prolonge l'intérêt (53) ; mais pour tempérer ce que le pathétique de la situation a de pénible et faire passer l'âme sans trop de secousse d'une triste émotion à un sentiment contraire, il ajoute « *cessez de frémir, la pomme tombe.* » En ménageant de cette manière le dénoûment, il le proportionne à l'importance du récit (29).

Critique.

90. On peut voir aussi avec quel art il témoigne de sa sympathie (13), chaque fois qu'il en trouve l'occasion ; car ce n'est pas dans le dénoûment seul qu'il la montre ; on lit plus haut : « *Ils poussèrent la bassesse jusqu'à sacrifier la vie de Tell à leur ambition — il ne daigne point lui répondre*, etc. — L'expression *trophée de honte* (80, 2° et 6°), et d'autres de cette nature échappent ailleurs à son indignation.

C'est ainsi que sans se mettre en scène, et sans abdiquer pourtant sa personnalité, l'historien peut animer son tableau en y faisant refléter une partie de son âme (13).

Mais qu'il fuie surtout l'affectation dans le style ; aussi, en faisant l'éloge du dénoûment sous certains rapports, on peut se demander si l'apostrophe « *Pères sensibles,* etc. » ne sent pas l'amplification et s'il n'eût pas été mieux de dire comme une de mes élèves : « Un frémissement d'horreur court dans tous les rangs du peuple et glace d'effroi surtout les pères et les mères, témoins d'un tel spectacle... Mais soudain les cœurs sont soulagés : La pomme tombe... et l'enfant sourit à son père, qui le presse avec amour contre son sein! Dieu avait entendu sa prière. »

On pourrait encore reprocher à ce récit d'autres imperfections. — ... Il ordonna de traiter le peuple avec la dernière sévérité, *afin de l'exciter à la révolte et de* LE *mettre* dans le cas d'aller occuper le pays, les armes à la main ; le second pronom est équivoque. — *Il s'en trouva plusieurs qui l'admirèrent ; il s'en trouva qui* est superflu.— *rendissent à ce bonnet les mêmes hommages qu'ils rendaient à sa personne* ; la répétition du verbe est inutile et par cela même mauvaise. — *Résolut d'employer la tendresse paternelle pour vaincre sa fermeté*; l'expression *employer* n'est pas élégante (62) ; elle est même faible et lourde — *à lui placer une pomme sur la tête et à l'abattre* ; peut-être eût-il été mieux de ne faire qu'une proposition des deux.

Au contraire lorsque Tell place la pomme sur la tête de son fils et qu'immédiatement après s'être écarté à la distance marquée, *il emploie toutes sortes de moyens pour exciter la pitié du tyran*, le style n'est-il pas trop rapide ? Ne désirerait-on pas quelque idée intermédiaire (33, 2°)? Et de plus la dernière proposition *a recours à toutes sortes de moyens*, dit-elle bien ce qu'elle veut? n'est-elle pas trop vague? car enfin Tell n'a pu s'abaisser jusqu'à la prière? Ces taches disparaîtraient si l'auteur s'était, par exemple, exprimé comme l'élève citée plus haut : « *En ce moment si terrible pour le héros, sa constance sembla chanceler, ses gestes, son regard, son hésitation trahirent ses souffrances inté-*

rieures ; mais voyant le tyran inflexible, il lève les mains au ciel, etc. »

Malgré cette critique on doit reconnaître qu'en général ce morceau est composé avec art et avec goût (3, 2° et 3°). Simple, sans être pourtant dépourvu d'ornements, il confirme les préceptes (13).

NARRATION ORATOIRE.

SUJET : BATAILLE DE ROCROI.

91. Vers les premiers jours du règne de Louis XIV, encore enfant, le duc d'Enghien, âgé de vingt-deux ans, commandant les Français, se trouvait en face d'une armée ennemie supérieure à la nôtre, composée de Walons, d'Italiens et d'Espagnols. Don Francisco de Mellos était à leur tête. Les deux généraux et les deux armées s'étaient renfermés dans des bois et des marais. A la nuit qu'il fallut passer en présence de l'ennemi, le duc d'Enghien reposa le dernier, et le lendemain, à l'heure marquée il fallut le réveiller. Aussitôt il parcourut les rangs, et sans tarder poussa l'aile droite des ennemis, soutint la nôtre ébranlée et mit l'Espagnol en fuite. Cependant l'infanterie espagnole restait ; elle était redoutable. Commandée par le valeureux comte de Fontaines, infirme et porté dans sa chaise, elle résista. Beck, avec sa cavalerie toute fraîche, accourut à travers les bois, pour tomber sur nos soldats épuisés. Le prince le prévint et enfonça les bataillons qui demandèrent quartier. Il s'avança pour recevoir leur parole ; mais ils firent sur les nôtres une effroyable décharge. Les Français furieux se vengèrent par un carnage qui ne cessa qu'à la voix du prince. Le comte de Fontaines avait succombé. Le vainqueur le regretta , et rendit au ciel des actions de grâce.

DÉVELOPPEMENT.

92. Dieu avait choisi le duc d'Enghien pour défendre le roi dans son enfance. Aussi, vers les premiers jours de son règne, le duc conçut un dessein où les vieillards expérimentés ne purent atteindre ; mais la victoire le justifia devant Rocroi. L'armée ennemie est plus forte, il est vrai ; elle est composée de ces vieilles bandes walones, italiennes, espagnoles, qu'on n'avait pu rompre jusqu'alors ; mais pour combien fallait-il compter le courage qu'inspiraient à nos troupes le besoin pressant de l'État , les avantages passés et un jeune prince du sang qui portait la victoire dans les yeux ! Don Francisco de Mellos l'attend d'un pied ferme et , sans pouvoir reculer, les deux généraux et les deux armées semblent avoir voulu se renfermer dans des bois et des marais pour décider leur querelle comme deux braves en champ clos. Alors que ne vit-on pas ! Le jeune prince parut un autre homme ; touchée d'un si digne objet , sa grande âme se déclara tout entière ; son courage croissait avec les périls, et ses lumières avec son ardeur. A la nuit qu'il fallut passer en présence des ennemis , comme un vigilant capitaine, le duc d'Enghien reposa le dernier ; mais jamais il ne reposa plus paisiblement. A la veille d'un si grand jour, et dès la première bataille il est tranquille : tant il se trouve dans son naturel ! et on sait que le lendemain, à l'heure marquée, il fallut réveiller d'un profond sommeil cet autre Alexandre.

Le voyez-vous comme il vole à la victoire ou à la mort! Aussitôt qu'il eut porté de rang en rang l'ardeur dont il était animé, on le vit presque en même temps pousser l'aile droite des ennemis, soutenir la nôtre ébranlée, rallier les Français à demi vaincus, mettre en fuite l'Espagnol victorieux, porter partout la terreur, et étonner de ses regards étincelants ceux qui échappaient à ses coups.

Restait cette redoutable infanterie de l'armée d'Espagne, dont les gros bataillons serrés, semblables à autant de tours, mais à des tours qui sauraient réparer leurs brèches, demeuraient inébranlables au milieu de tout le reste en déroute et lançaient des feux de toutes parts. Trois fois le jeune vainqueur s'efforça de rompre ces intrépides combattants, trois fois il fut repoussé par le valeureux comte de Fontaines, qu'on voyait porté dans sa chaise, et, malgré ses infirmités, montrer qu'une âme guerrière est maîtresse du corps qu'elle anime; mais enfin il faut céder. C'est en vain qu'à travers les bois, avec sa cavalerie toujours fraîche, Beck précipite sa marche, pour tomber sur nos soldats épuisés; le prince l'a prévenu; les bataillons enfoncés demandent quartier. Mais la victoire va devenir pour le duc d'Enghien plus terrible que le combat.

Pendant que d'un air assuré il s'avance pour recevoir la parole de ces braves gens, ceux-ci toujours en garde, craignent la surprise de quelque nouvelle attaque. Leur effroyable décharge met les nôtres en furie; on ne voit plus que carnage; le sang enivre le soldat, jusqu'à ce que ce grand prince, qui ne put voir égorger ces lions comme de timides brebis, calma les courages émus, et joignit au plaisir de vaincre celui de pardonner.

Quel fut alors l'étonnement de ces vieilles troupes et de leurs braves officiers, lorsqu'ils virent qu'il n'y avait plus de salut pour eux que dans les bras du vainqueur! De quels yeux regardèrent-ils le jeune prince dont la victoire avait relevé la haute contenance, à qui la clémence ajoutait de nouvelles grâces! Qu'il eût encore volontiers sauvé la vie au brave comte de Fontaines! Mais il se trouva par terre parmi ces milliers de morts dont l'Espagne sent encore la perte. Le prince fléchit le genou, et, dans le champ de bataille il rend au Dieu des armées la gloire qu'il lui envoyait. Là on célébra Rocroi délivré, les menaces d'un redoutable ennemi tournées à sa honte, la régence affermie, la France en repos et un règne qui devait être si beau, commencé par un si heureux présage.

Bossuet.

Analyse du développement.

Exposition (25).

95. L'Exposition de ce récit est naturelle (26). Elle remonte à l'origine du fait (36) principal en nous instruisant des desseins de la Providence sur le duc d'Enghien (36, intérêt artificiel); elle nous donne un aperçu sur les autres personnages et sur leur importance, et nous indique le lieu de la scène (26), en sorte qu'elle réunit les conditions de lucidité (33) et d'intérêt (32). Mais elle a en outre de l'éclat et de la gravité :

ces vieilles bandes qu'on n'avait pu rompre jusqu'alors, ces armées prêtes à décider leur querelle, comme deux braves en champ clos (43) ; *ce jeune prince du sang qui porte la victoire dans les yeux*, sont des images d'un style élevé (6).

L'orateur, en passant, flatte avec délicatesse l'orgueil national, lorsqu'il dit : « *Mais pour combien fallait-il compter le courage qu'inspiraient à nos troupes le besoin pressant de l'État, les avantages passés !....* » (36, réflexions.) Cet artifice oratoire est commun, mais il a son mérite dans la diction et l'à-propos.

Ce qu'il me paraît surtout important de faire remarquer, c'est la hauteur de ce début, c'est cette teinte religieuse si convenable à l'oraison funèbre, c'est ce soin d'entourer le jeune prince d'une divine auréole, en annonçant en lui l'instrument de la Divinité. Suivons l'orateur dans son essor.

« *Alors que ne vit-on pas* ! (36) s'écrie-t-il ; *le jeune prince parut un autre homme ; touchée d'un si digne objet, sa grande âme se déclara tout entière, son courage croissait avec les périls et ses lumières avec son ardeur.* »

C'est là un brillant prélude, qui, inspiré par le fond même du récit, l'éclaire et nous tient dans l'attente (36, réflexions).

Continuons : « *A la nuit qu'il fallut passer en présence des ennemis, comme un vigilant capitaine le duc d'Enghien reposa le dernier ; mais jamais il ne reposa* (72) *plus paisiblement. A la veille d'un si grand jour et dès la première bataille, il est tranquille ; tant il se trouve dans son naturel* ! (36 et 51) *et on sait que le lendemain, à l'heure marquée, il fallut réveiller d'un profond sommeil cet autre Alexandre* (83). »

Jamais langage plus digne n'a dépeint l'activité du capitaine et le calme du guerrier au moment solennel qui précède les batailles. Les expressions, la place des mots, la chute des phrases, leur coupe, leur lenteur y sont d'un bel effet. « *Tant il se trouve dans son naturel!* est expressif (51). *Il fallut réveiller cet autre Alexandre,* outre le même mérite, présente une figure (83), qui s'allie parfaitement avec ce cri arraché à l'admiration « *Voyez-vous comme il vole à la victoire ou à la mort!* (57) Heureuse transition (36) à l'éloquente description (36) que nous allons examiner.

Nœud et dénoûment (28, 29).

94. Or il me semble y voir comme trois actes du plus entraînant (33, 3°) des drames. Le premier nous montre l'engagement avec l'aile droite de l'ennemi et ses diverses chances, l'ardeur, l'habileté et le succès du jeune prince; le second, la lutte plus redoutable des Français avec les bataillons de l'infanterie espagnole dont le duc triomphe aussi par son courage et sa constance; le troisième, la méprise des vaincus dont les feux renouvelés amènent une péripétie qui remet tout en question, la furie des nôtres qui se vengent par un affreux carnage, la clémence et la pitié du vainqueur.

Cette partie, qui renferme le nœud et le dénoûment, excite tour à tour la curiosité, l'inquiétude et l'admiration; ou plutôt elle est partout admirable dans la forme comme dans le fond. Quel style! « *Porte de rang en rang l'ardeur (77) dont il est animé.* » —

« *Etonne de ses regards étincelants* (77) *ceux qui échappent à ses coups.* » — « *Ne pouvant voir égorger ces lions* (77) *comme de timides brebis* (43), *il calme les courages émus* (77), » — « *montre qu'une âme guerrière est maîtresse du corps qu'elle anime.* » — « *Dont les gros bataillons serrés, semblables à des tours* (43), *mais à des tours qui sauraient réparer leurs brèches, demeuraient inébranlables au milieu de tout le reste en déroute* (45), *et lançaient des feux de toutes parts* (36, *description*). » — « *Le sang enivre le soldat* (77) etc. » Ne sont-ce pas là des images de la plus haute éloquence, de la plus riche poésie?

Et avec quel art l'orateur ne fait-il pas ressortir toutes les vertus de son héros ! Après nous avoir montré son indomptable ardeur et son génie, dans toute l'action, quand le succès semble décidé, il fait l'éloge de son cœur dans cette belle transition : « *Mais la victoire va devenir pour le duc d'Enghien plus terrible que le combat.* » Ne relève-t-il pas aussi d'une manière sublime son invincible ascendant, quand il nous le dépeint faisant *rentrer le calme dans l'âme émue,* je veux dire « *calmant les courages émus* (77) *de ses guerriers furieux qui égorgent* comme de *timides brebis* ceux qui combattent comme des *lions.*

Cependant, répétons-le, c'est sous l'influence divine qu'agit le prince, son rôle est secondaire, son mérite est d'accomplir dignement la volonté du Très-Haut, et, si nous l'avons toujours vu s'élever dans les événements qui viennent de passer sous nos yeux, son humilité le rend encore plus grand (45), alors que dans la prière qui termine le dénoûment et relève toute l'importance de la victoire, ce jeune héros fléchissant le genou sur le champ de bataille, *rend à l'Éternel la gloire qu'il lui envoie.*

Ce dernier trait achève de donner au récit la couleur mystique sous laquelle il apparaît dès l'abord, en sorte que la bataille de Rocroi est comme un hymne au Dieu des armées.

Critique.

95. On ne tarirait pas sur un pareil morceau si l'on voulait entrer dans tous les détails. Ils impriment au style un cachet particulier. L'expression *vieilles bandes*, à côté des mots étrangers *walones, italiennes, espagnoles,* donne à cette armée je ne sais quoi de sombre et de farouche ; — *restait cette redoutable infanterie,* etc., le verbe est élégamment placé au commencement de la phrase (68). — En avançant nous rencontrons le présent *précipite* qui est naturel et vif; le passé l'*a prévenu* que remplacerait froidement le présent ; *leur effroyable décharge met les nôtres en furie,* proposition énergique (6), dont on appréciera la rapidité (33, 3°), si on la décompose en ces deux autres : « Ils font sur les nôtres une effroyable décharge qui les met en furie. » — La locution *vieilles troupes* qui, comparée aux mots *vieilles bandes,* cités plus haut, fait voir comme leur place a été bien calculée ; — ces termes presque familiers *il se trouva par terre,* qui sont plus expressifs que par exemple : *il resta étendu,* quoique d'un style plus relevé. — Enfin cette réflexion : *il n'y avait plus de salut pour eux que dans les bras* (80, 7°) *du vainqueur,* plus vive (56) que si l'auteur avait dit *que de se jeter dans les bras* et plus expressive que *de se rendre au vainqueur.* — Et quelle vivacité encore dans ces infinitifs d'une même période, *pousser, soutenir, rallier, mettre en fuite, porter partout, étonner de ses regards* (56)!

Il n'est rien qui, dans un écrivain comme Bossuet, ne mérite une sérieuse étude, même ce qui paraît de légères imperfections.

NARRATION POÉTIQUE-HISTORIQUE.

SUJET : SACRIFICE D'IDOMÉNÉE.

96. Idoménée revient en Crète après la ruine de Troie. Assailli par une tempête et, près de périr, il fait vœu, s'il échappe à la mort, d'immoler à Neptune le mortel qu'il rencontrera le premier sur le rivage. A peine a-t-il abordé qu'il aperçoit son fils; il cherche vainement une autre victime; sa raison s'égare, il enfonce son épée dans le cœur de son enfant. La fureur des Crétois le chasse de l'île; il va fonder Salente sur les bords de l'Hespérie.

DÉVELOPPEMENT.

97. Idoménée, fils de Deucalion et petit-fils de Minos, était allé, comme les autres rois de la Grèce, au siége de Troie. Après la ruine de cette ville, il fit voile pour revenir en Crète; mais la tempête fut si violente que le pilote de son vaisseau et tous les autres, qui étaient expérimentés dans la navigation, crurent que leur naufrage était inévitable. Chacun avait la mort devant les yeux; chacun voyait les abîmes ouverts pour l'engloutir; chacun déplorait son malheur, n'espérant pas même le triste sort des ombres qui traversent le Styx après avoir reçu la sépulture. Idoménée, levant les mains et les yeux vers le ciel, invoquait Neptune : « O puissant dieu, s'écriait-il, toi qui tiens l'empire des ondes, daigne écouter un malheureux : si tu me fais revoir l'île de Crète, malgré la fureur des vents, je t'immolerai la première tête qui se présentera à mes yeux. »

Cependant son fils, impatient de revoir son père, se hâtait d'aller au-devant de lui pour l'embrasser ; malheureux qui ne savait pas que c'était courir à sa perte ! Le père, échappé à la tempête, arrivait dans le port désiré ; il remerciait Neptune d'avoir écouté ses vœux ; mais bientôt il sentit combien ses vœux lui étaient funestes. Un pressentiment de son malheur lui donnait un cuisant repentir de son vœu indiscret ; il craignait d'arriver parmi les siens, et il appréhendait de revoir ce qu'il avait de plus cher au monde. Mais la cruelle Némésis, déesse impitoyable, qui veille pour punir les hommes et surtout les rois orgueilleux, poussait d'une main fatale et invisible Idoménée. Il arrive : à peine ose-t-il lever les yeux. Il voit son fils : il recule saisi d'horreur ; ses yeux cherchent, mais en vain, quelque autre tête moins chère qui puisse lui servir de victime.

Cependant le fils se jette à son cou et est tout étonné que son père réponde si mal à sa tendresse ; il le voit fondre en larmes. « Oh ! mon père, dit-il, d'où vient cette tristesse ? Après une si longue absence, êtes-vous fâché de vous revoir dans votre royaume et de faire la joie de votre fils ? Qu'ai-je fait ? vous détournez les yeux de peur de me voir ! » Le père, accablé de douleur, ne répondit rien. Enfin, après de profonds soupirs, il dit : « Oh ! Neptune, que t'ai-je promis ! A quel

prix m'as-tu garanti du naufrage ! rends-moi aux vagues et aux rochers qui devaient, en me brisant, finir
ma triste vie ; laisse vivre mon fils. O dieu cruel ! tiens,
voilà mon sang, épargne le sien. » En parlant ainsi, il
tira son épée pour se percer ; mais ceux qui étaient
autour de lui arrêtèrent sa main.

Le vieillard Sophronyme, interprète des volontés
des dieux, lui assura qu'il pouvait contenter Neptune
sans donner la mort à son fils : « Votre promesse, di-
sait-il, a été imprudente : les dieux ne veulent point
être honorés par la cruauté ; gardez-vous bien d'ajou-
ter à la faute de votre promesse celle de l'accomplir
contre les lois de la nature. Offrez à Neptune cent
taureaux plus blancs que la neige ; faites couler leur
sang autour de son autel couronné de fleurs ; faites
fumer un doux encens en l'honneur de ce dieu. »

Idoménée écoutait ce discours la tête baissée et
sans répondre ; la fureur était allumée dans ses yeux ;
son visage pâle et défiguré changeait à tout moment
de couleur ; on voyait ses membres tremblants. Cependant son fils lui disait : « Me voici, mon père ;
votre fils est prêt à mourir pour apaiser le dieu ; n'attirez pas sur vous sa colère ; je meurs content puisque
ma mort vous aura garanti de la vôtre. Frappez, mon
père ; ne craignez point de trouver en moi un fils indigne de vous, qui craigne de mourir. »

En ce moment, Idoménée hors de lui et comme déchiré par les furies infernales, surprend tous ceux qui
l'observaient de près ; il enfonce son épée dans le cœur
de cet enfant ; il la retire toute fumante et pleine de sang
pour la plonger dans ses propres entrailles, il est encore une fois retenu par ceux qui l'environnent. L'en-

fant tombe dans son sang ; ses yeux se couvrent des ombres de la mort ; il les entr'ouvre à la lumière ; mais à peine l'a-t-il trouvée qu'il ne peut plus la supporter. Tel qu'un beau lis au milieu des champs, coupé dans sa racine par le tranchant de la charrue, languit et ne se soutient plus ; il n'a point encore perdu cette vive blancheur et cet éclat qui charme les yeux ; mais la terre ne le nourrit plus, et sa vie est éteinte : ainsi le fils d'Idoménée, comme une jeune et tendre fleur, est cruellement moissonné dès son premier âge.

Le père, dans l'excès de sa douleur, devient insensible ; il ne sait où il est, ni ce qu'il fait, ni ce qu'il doit faire ; il marche chancelant vers la ville et demande son fils.

Cependant le peuple, touché de compassion pour l'enfant et d'horreur pour l'action barbare du père, s'écrie que les dieux justes l'ont livré aux furies. La fureur leur fournit des armes ; ils prennent des bâtons et des pierres ; la Discorde souffle dans tous les cœurs un venin mortel. Les Crétois, les sages Crétois oublient la sagesse qu'ils ont tant aimée ; ils ne reconnaissent plus le petit-fils du sage Minos. Les amis d'Idoménée ne trouvent plus de salut pour lui qu'en le ramenant vers ses vaisseaux : ils s'embarquent avec lui ; ils fuient à la merci des ondes. Idoménée, revenant à soi, les remercie de l'avoir arraché d'une terre qu'il a arrosée du sang de son fils et qu'il ne saurait plus habiter. Les vents les conduisent vers l'Hespérie, et ils vont fonder un royaume dans le pays des Salentins.   (Fénelon.)

Analyse du développement.

98. Le sacrifice d'Idoménée est traditionnel, et, comme il nous reporte aux temps de la mythologie et de ses fictions, il fallait lui en donner la teinte (32, 34) ; c'est ce qu'a senti l'écrivain qui a répandu sur toute sa composition un parfum exquis d'antiquité, et l'a embellie des plus vives couleurs. Aussi a-t-elle tout le caractère de la Narration poétique-historique (16). Ce serait peu, pour en faire ressortir le mérite, que d'y signaler les beautés de détail ; ici une synecdoche (82, 2°) : *immoler la première tête* ; là des métaphores : *vœu indiscret, promesse imprudente,* la *faute de votre promesse* (77) ; plus loin, une réflexion qui sous la forme exclamative (47), sert de transition : *malheureux qui ne savait pas que c'était courir à sa perte !* (37) une belle antithèse (44) qui ressort de la situation . *appréhendait de revoir ce qu'il avait de plus cher ;* enfin quelques locutions familières comme : *se jette à son cou,* qui prouve que la vérité du sentiment relève le langage, etc., etc. ; disons seulement que ce morceau est remarquable de lucidité (33), de poésie (12, notes) et d'élégance (62), et passons à l'examen du fond, qui, sous le rapport de la *Vraisemblance,* me paraît mériter une étude sérieuse.

Exposition (25).

99. Le vœu d'Idoménée se conçoit dans un païen, mais il n'en annonce pas moins que sa raison est troublée. Il était donc nécessaire de le prouver (34) par la grandeur et l'imminence du péril ; quelques traits rapides suffisent : « *Chacun avait la mort devant les yeux, chacun voyait les abîmes ouverts pour l'engloutir, chacun déplorait son malheur, n'espérant pas même le triste sort des ombres qui traversent le Styx après avoir reçu la sépulture.* » Si l'on se rappelle que les âmes des morts non ensevelis étaient condamnées à errer cent ans sur les bords du Styx, et que pour les anciens c'était une perspective affreuse, on sentira mieux combien dans ce tableau (36, description) tout est gradué (46) et expressif. La répétition (72) du mot *chacun* ne semble-t-elle pas isoler les individus et justifier l'égoïsme d'Idoménée au point de vue littéraire ? (34)

Cette exposition est proportionnée à l'étendue du récit, appropriée au sujet et conforme à sa couleur (25) ; l'art (2) s'y cache sous un air de simplicité (33, 4°), et c'est à peine si, entraîné par l'intérêt (32), on a le temps de remarquer l'heureuse variété de style (57) que lui donne le tour direct. C'est un mérite qu'on rencontre plusieurs fois dans le cours du récit. On peut voir aussi comme dès le début le narrateur s'attache à faire ressortir le rang et la puissance du héros. C'est le *fils de Deucalion*, le *petit-fils de Minos*, l'*un des rois de la Grèce qui étaient allés au siége de Troie*, circonstances minutieuses en elles-mêmes, mais qui, rapprochées du fait principal, nous offrent un grand enseignement.

Nœud (28).

100. La scène qui constitue le nœud demandait encore plus d'art (2). Idoménée, par le sentiment de sa propre conservation, a pu ne pas reculer devant l'idée d'un homicide ; mais voulait-il frapper son fils ? Si l'homme et le roi sont criminels, le père ne l'est pas. Quelle difficulté pour la vraisemblance ! (34) Après avoir dit que « *un pressentiment de son malheur donnait à Idoménée un cuisant repentir de son vœu indiscret, qu'il craignait d'arriver parmi les siens et appréhendait de revoir ce qu'il avait de plus cher,* » Fénelon ajoute cette réflexion (36) : « *Mais la cruelle Némésis, déesse impitoyable, qui veille pour punir les hommes et surtout les rois orgueilleux, poussait d'une main invisible Idoménée* » Pouvait-il peindre avec plus d'énergie l'entraînement au crime et trouver en même temps un ressort plus puissant et plus poétique ?

Mais continuons le récit : « *Il arrive ; à peine ose-t-il lever les yeux. Il voit son fils, il recule saisi d'horreur. Ses yeux cherchent, mais en vain, quelque autre tête moins chère qui puisse lui servir de victime.*

« *Cependant le fils se jette à son cou ; il est tout étonné que son père réponde si mal à sa tendresse ; il le voit fondre en larmes. O mon père ! dit-il, d'où vient cette tristesse ? Après une si longue absence, êtes-vous fâché de vous revoir dans votre royaume, et de faire la joie de votre fils ? Qu'ai-je fait ? Vous détournez vos yeux de peur de me voir ! Le père accablé de douleur ne répondit rien. Enfin, après de profonds soupirs, il dit : O Neptune ! que t'ai-je promis ! A quel prix m'as-tu garanti du naufrage ! Rends-moi aux vagues et aux rochers qui devaient, en me brisant, finir ma triste vie ; laisse vivre mon fils. O dieu cruel ! tiens, voilà mon sang, épargne le sien. En parlant ainsi, il tira son épée pour se percer, mais ceux qui étaient autour de lui arrêtèrent sa main.*

Certes les paroles d'Idoménée nous attendrissent ;

elles sont aussi pathétiques que celles d'Agamemnon dans la tragédie de Racine, quand il est condamné à sacrifier sa fille Iphigénie :

> Hélas ! en m'imposant une loi si sévère,
> Grands dieux, me deviez-vous laisser un cœur de père ?

Idoménée a horreur de répandre le sang de son fils ; il est touché de ses tendres plaintes ; il reproche à Neptune d'avoir écouté ses vœux, et, plutôt que d'achever l'affreux sacrifice, il tourne ses armes contre lui-même, lorsque ceux qui l'entourent lui arrêtent le bras.

On respire ; on est plus à l'aise encore à la voix d'un interprète de la volonté des dieux, du vieillard Sophronyme, dont la sagesse contraste si bien avec la superstition d'Idoménée. On augure heureusement de sa douce éloquence, lorsque, contre toute attente, l'écrivain ajoute : « *Idoménée écoutait ce discours la tête baissée et sans répondre ; la fureur était allumée dans ses yeux ; son visage pâle et défiguré changeait à tous moments de couleur ; on voyait ses membres tremblants* (61). » Mais on s'explique cet état en se rappelant le personnage surnaturel dont Idoménée subit l'irrésistible empire. Témoin de l'égarement de son père, le fils, par une résignation comparable à celle d'Iphigénie, fait entendre alors ce touchant langage : « *Me voici, mon père ; votre fils est prêt à mourir pour apaiser le dieu, n'attirez pas sur vous sa colère ; je meurs content, puisque ma mort vous aura garanti de la vôtre. Frappez, mon père, ne craignez point de trouver en moi un fils indigne de vous qui craigne de mourir,* » dévouement qui devait faire rentrer le père en lui-même, si la force humaine eût pu lutter contre un tel délire.

Dénoûment.

101. Cependant, supposons qu'ici l'écrivain se fût contenté de dire : « *En ce moment Idoménée surprend tous ceux qui l'observent de près, il enfonce son épée dans le cœur de son enfant….* » qui n'eût été choqué d'une si brusque catastrophe ? Aussi recourant de nouveau à son heureuse fiction, Fénelon s'exprime ainsi : « *Mais Idoménée tout hors de lui et comme déchiré par les Furies infernales, surprend,* etc. ». Le fait est plus vraisemblable et moins odieux. Tant il est important de préparer de loin les effets !

Tel est le dénoûment de ce petit drame. Le génie de Fénelon en a merveilleusement préparé la Vraisemblance (34), sans laquelle il n'est point de persuasion. Il pouvait s'arrêter ici, mais l'intérêt et la poésie réclamaient quelque chose de plus; la morale aussi voulait un châtiment. De là cette comparaison de l'enfant qui se meurt avec *un beau lis coupé par le tranchant de la charrue* ; de là cette peinture touchante du père qui *marche chancelant vers la ville et demande son fils* ; de là enfin la fureur des Crétois qui *oublient leur sagesse et forcent le monarque coupable à s'exiler.*

L'art (2), l'imagination (3), le goût (3) ont présidé à cette composition.

NARRATION POÉTIQUE-MERVEILLEUSE.

SUJET : LES GÉNIES OU VOYAGE DU PYTHAGORICIEN TÉLÉSILÈS.

102. Le pythagoricien Télésilès raconte que son âme, dégagée des liens du corps, fut transportée au milieu de substances animées qu'il suivit quelque temps, cherchant à les reconnaître. Il dira ce qui se passa sur la terre quand la nuit y fut tombée. Au point du jour il s'élèvera dans les airs où il remarquera les Génies tutélaires d'Athènes, de Corinthe et de Lacédémone. Les Génies du midi s'avanceront contre ceux du nord. Il rencontrera les inspecteurs des choses humaines et Némésis qui punit les forfaits; des messagers apportant aux dieux nos vœux et nos offrandes, rapportant aux mortels des songes et des oracles; puis des êtres jaloux, puis la déesse Até avec les Prières marchant à sa suite; et la Gloire avec l'Envie, et la Vérité avec l'Imposture, et la Fortune avec ses présents, et Mars avec Minerve. Il parlera ici de la bataille de Leuctres qui va s'engager, et, détournant les yeux sur un enfant qui vient de naître, dira quelques mots sur son bon et son mauvais Génie. S'élevant ensuite dans une sphère au-dessus de la lune, il admirera l'harmonie des corps célestes à chacun desquels est attaché un Génie particulier. Celui du soleil écartera la plupart des âmes que le voyageur aura rencontrées, et ne permettra qu'au plus petit nombre d'entre elles de se plonger dans les flots bouillonnants de l'astre, pour y rester jusqu'au moment où les lois de la nature les rappelleront sur la terre, tandis que les autres seront envoyées au champ de la Vérité pour y être condamnées aux flammes du Tartare. Télésilès verra aussi des âmes errantes dans les airs depuis des millions d'années. Enfin, apercevant une enceinte d'où s'échapperont des rayons d'une lumière plus éclatante où seront les Nombres, les Idées éternelles et les Génies immortels, il y cherchera mais en vain le Souverain de l'Univers.

DÉVELOPPEMENT.

103. Le moment du départ étant arrivé, je sentis mon âme se dégager des liens qui l'attachaient au corps, et je me trouvai au milieu d'un nouveau monde de substances animées, bonnes ou malfaisantes, gaies ou tristes, prudentes ou étourdies; nous les suivîmes pendant quelque temps, et je crus reconnaître qu'elles dirigent les intérêts des États et ceux des particuliers, les recherches des sages et les opinions de la multitude.

Bientôt une femme gigantesque étendit ses crêpes noirs sous la voûte des cieux, et, étant descendue lentement sur la terre, elle donna ses ordres au cortége dont elle était accompagnée. Nous nous glissâmes dans plusieurs maisons : le Sommeil et ses ministres y répandaient des pavots à pleines mains, et, tandis que le Silence et la Paix s'asseyaient doucement auprès de l'homme vertueux, les Remords et les Spectres effrayants secouaient avec violence le lit du scélérat. Platon écrivait sous la dictée du Génie d'Homère et des Songes agréables voltigeaient autour de la jeune Lycoris.

« L'Aurore et les Heures ouvrent les barrières du jour, me dit mon conducteur, il est temps de nous élever dans les airs. Voyez les Génies tutélaires d'Athènes, de Corinthe, de Lacédémone planer circulairement au-dessus de ces villes ; ils en écartent autant que possible les maux dont elles sont menacées ; cependant leurs campagnes vont être dévastées ; car les Génies du midi enveloppés de nuages sombres s'avancent en grondant contre ceux du nord. Les guerres sont aussi fréquentes dans ces régions que dans les vôtres, et le combat des Titans et des Typhons ne fut que celui de deux peuplades de Génies.

« Observez maintenant ces agents empressés qui d'un vol aussi rapide, aussi inquiet que celui de l'hirondelle, rasent la terre, et portent de tous côtés des regards avides et perçants ; ce sont les inspecteurs des choses humaines : les uns répandent leur douce influence sur les mortels qu'ils protégent, les autres détachent contre les forfaits l'implacable Némésis. Voyez ces médiateurs, ces interprètes qui montent et descendent sans cesse ; ils portent aux dieux vos vœux et vos offrandes ; ils vous rapportent les songes heureux ou funestes, et les secrets de l'avenir, qui vous sont ensuite révélés par la voix des oracles. »

O mon protecteur, m'écriai-je tout à coup, voici des êtres dont la taille et l'air sinistre inspirent la terreur ; ils viennent à nous. « Fuyons, me dit-il, ils sont malheureux ; le bonheur des autres les irrite, et ils n'épargnent que ceux qui passent leur vie dans les souffrances et dans les pleurs. »

Échappés à leur fureur, nous trouvâmes d'autres objets non moins affligeants. Até, la détestable Até, source éternelle des dissensions qui tourmentent les hommes, marchait fièrement au-dessus de leur tête et soufflait dans leur cœur l'outrage et la vengeance. D'un pas timide et les yeux baissés, les Prières se traînaient sur ses traces, et tâchaient de ramener le calme partout où la Discorde venait de se montrer. La Gloire était poursuivie par l'Envie qui se déchirait elle-même les flancs ; la Vérité, par l'Imposture qui changeait à chaque instant de masque ; chaque Vertu, par plusieurs Vices qui portaient des filets ou des poignards.

La Fortune parut tout à coup ; je la félicitai des dons qu'elle distribuait aux mortels. « Je ne donne point, me dit-elle d'un ton sévère, mais je prête à grosse usure. » En proférant ces paroles, elle trempait les fleurs et les fruits, qu'elle tenait d'un main, dans une coupe empoisonnée qu'elle soutenait de l'autre.

Alors passèrent auprès de nous deux puissantes divinités, qui laissaient après elles de longs sillons de lumière. « C'est l'impétueux Mars et la sage Minerve, me dit mon conducteur. Deux armées se rapprochent en Béotie : la déesse va se placer auprès d'Épaminondas, chef des Thébains, et le dieu court se joindre aux Lacédémoniens, qui seront vaincus, car la sagesse doit triompher de la valeur.

« Voyez en même temps se précipiter sur la terre ce couple de Génies, l'un bon, l'autre mauvais ; ils doivent s'emparer d'un enfant qui vient de naître ; ils l'accompagneront jusqu'au tombeau. Dans ce premier moment ils chercheront à l'envi à le douer de tous les avantages ou de toutes les difformités du cœur et de l'esprit ; dans le cours de sa vie, à le porter au bien ou au mal, suivant que l'influence de l'un prévaudra sur celle de l'autre. »

4.

Cependant je voyais monter et descendre des êtres dont les traits me paraissaient plus grossiers que ceux des Génies. J'appris que c'étaient des âmes qui allaient s'unir à des corps mortels, ou qui venaient de les quitter. Il en parut tout à coup de nombreux essaims : ils se suivaient par intervalles et se répandaient dans les plaines des airs, comme ces amas de poussière blanchâtre qui tourbillonnent dans nos campagnes. « La bataille a commencé, me dit le Génie, le sang coule à gros bouillons. Aveugles et malheureux mortels ! Voilà les âmes des Lacédémoniens et des Thébains qui viennent de périr dans les champs de Leuctres. » Où vont-elles ? lui dis-je. « Suivez-moi, me répondit-il, et vous en serez instruit. »

Nous franchîmes les limites de l'empire des ténèbres et de la mort ; et, nous étant lancés au-dessus de la sphère de la lune, nous parvînmes aux régions qu'éclaire un jour éternel. « Arrêtons-nous un instant, me dit le guide ; jetez les yeux sur le magnifique spectacle qui nous entoure ; écoutez l'harmonie divine que produit la marche régulière des corps célestes ; voyez comme à chaque planète, à chaque étoile est attaché un Génie qui dirige sa course. Ces astres sont peuplés d'intelligences sublimes et d'une nature supérieure à la nôtre. »

Pendant que les yeux fixés sur le soleil, je contemplais avec ravissement le Génie dont le bras vigoureux poussait ce globe étincelant dans la carrière qu'il décrit, je le vis écarter avec fureur la plupart des âmes que nous avions rencontrées et ne permettre qu'au plus petit nombre de se plonger dans les flots bouillonnants de cet astre. « Ces dernières, moins coupables

que les autres, disait mon conducteur, seront puri-
fiées par la flamme; elles s'envoleront ensuite dans
les différents astres où elles furent distribuées lors de
la création de l'Univers; elles y resteront en dépôt
jusqu'à ce que les lois de la nature les rappellent sur
la terre pour animer d'autres corps. » Mais celles que
le Génie vient de repousser, lui dis-je, quelle sera leur
destinée? « Elles vont se rendre au champ de la Vérité,
répondit-il; des juges intègres condamneront les plus
criminelles aux tourments du Tartare; les autres à des
courses longues et désespérantes. » Alors dirigeant
mes regards, il me montra des milliers d'âmes qui,
depuis des milliers d'années, erraient tristement dans
les airs et s'épuisaient en vains efforts pour obtenir un
asile dans un des globes célestes. « Ce ne sera, me dit-il,
qu'après ces rigoureuses épreuves qu'elles parvien-
dront, ainsi que les premières, au lieu de leur origine. »

Touché de leur infortune, je le priai de m'en dérober la vue et de me conduire au loin, vers une enceinte
d'où s'échappaient les rayons d'une lumière plus éclatante. J'espérais entrevoir le Souverain de l'Univers,
entouré des assistants de son trône, de ces êtres purs
que nos philosophes appellent Nombres, Idées éternelles, Génies immortels. « Il habite des lieux inacces-
sibles aux mortels, dit le Génie; offrez-lui votre hommage et descendons sur la terre.   (Barthélemy).

Analyse du développement.

104. Cette fiction surnaturelle est conforme aux
croyances et aux superstitions d'un autre siècle; poétique, merveilleuse et instructive, elle effleure les questions les plus sérieuses de la vie publique et privée.

L'imagination n'y est pas désordonnée, mais elle s'asservit aux lois de la composition, et se montre toujours pure et morale.

Exposition (25).

L'exposition en est naturelle et rapide ; le Noeud et le Dénoôment y sont nuls comme dans tout écrit dépourvu d'intrigue (29, note). Or celui-ci ressemble à une galerie de tableaux qu'on parcourt sans obstacle depuis l'entrée jusqu'à la sortie.

L'âme de Télésilès se dégage des liens qui l'attachaient au corps, le voile qui offusquait sa vue mortelle, tombe, et il se trouve au milieu d'un nouveau monde de substances animées ; elles ont le caractère varié de l'homme, et influent sur ses intérêts en raison de leur bonté ou de leur méchanceté.

Bientôt s'offre, accompagnée du Sommeil, du Silence, de la Paix, des Remords, des Spectres, des Veilles et des Songes, à qui elle donne ses ordres, une femme d'une taille gigantesque, étendant des crêpes noirs sur la terre, figure grande et poétique qu'on reconnaît pour la Nuit. Les accessoires en sont judicieusement choisis. Le Sommeil et ses ministres répandent les pavots à pleines mains, et tandis que le Silence et la Paix vont s'asseoir doucement auprès de l'homme vertueux, consolante image tracée d'un style léger, les Remords et les Spectres effrayants, par un contraste (45) aussi moral que pittoresque secouent avec violence le lit du scélérat ; ici se voit Platon, qui écrit sous la dictée d'Homère, nous montrant à quel prix s'achètent la science et la gloire ; là ce sont d'agréables songes qui voltigent autour de la jeune Lycoris, emblème de la jeunesse et de ses douces illusions. Cette allégorie est complète, variée, claire et expressive.

La pensée me paraît encore facile à saisir dans les allusions au gouvernement des États et aux maux qui les menacent du dehors, à leur police intérieure, à la justice qui s'y exerce, à leur religion, aux haines privées et aux dissensions publiques. Lorsque l'écrivain peint la Discorde, les Prières, l'Envie, l'Imposture, la Fortune, la Valeur et la Sagesse dans les combats, l'heureuse ou la triste influence de l'éducation, il est tour à tour plein d'énergie, de douceur et de vérité. La bataille de Leuctres qu'il jette au milieu de ses portraits, épisode d'un intérêt local, est un ornement remarquable.

Cependant le voyageur ne tarde pas à perdre la terre de vue, et, lorsque plus rien de mortel n'apparaît à ses regards, l'allégorie devient moins claire; mais le Génie qui accompagne Télésilès se charge de l'expliquer. Alors s'aperçoivent ces nombreux essaims d'âmes qui se suivent par intervalles et se répandent dans les plaines des airs. Leur comparaison à une poussière blanchâtre, tourbillonnant dans les campagnes, nous donne l'idée de ce que fut cette bataille dont le commencement était si meurtrier. « Aveugles et malheureux mortels! » s'écrie le Génie, et notre âme s'associe à ce mouvement de commisération. Puis s'élevant toujours avec l'imagination de l'auteur, elle admire dans l'extase cette harmonie divine qui produit la marche régulière des astres, et, au milieu de ce céleste concert, ce magnifique spectacle des Génies qui dirigent chacun leur astre ou leur planète, séjour d'intelligences supérieures à la nôtre ; elle admire surtout ce bras vigoureux qui pousse le globe étincelant du soleil dans la carrière qu'il décrit. A la vue du petit nombre d'âmes à qui le Génie permet de se purifier dans les flots bouillonnants de l'astre ; à la vue du grand nombre de celles qu'il repousse et renvoie au champ de la Vérité pour être condamnées aux tourments du Tartare, nous faisons involontairement un retour sur nous-mêmes, frappés de l'universalité d'une opinion qui croit aux récompenses et aux châtiments d'un autre monde. Enfin ne pouvant aborder le sanctuaire du Dieu suprême, nous nous inclinons aussi devant l'étonnant mystère qui le cache à nos yeux.

Telle est *l'illusion* (16) que, malgré son invraisemblance, doit opérer sur nos esprits la *narration poétique-merveilleuse*. Elle nous attache par ses rapports plus ou moins directs avec la nature humaine.

NARRATION FAMILIÈRE.

HISTORIETTE. — SUJET : M. DUMONT.

105. Un jour M. Dumont, petit fabricant de la rue Saint-Denis, reçoit une invitation à souper chez le cardinal de Richelieu, à sa maison de campagne de Rueil, près Paris. Grande est la joie de l'invité et de sa famille. Au jour marqué, vers les quatre heures, M. Dumont part monté sur sa mule. Cependant un orage le force à s'arrêter dans une hôtellerie de Nanterre. Tandis qu'il y sèche ses vêtements, entre un autre voyageur. La conversation s'engage ; M. Dumont apprend à l'inconnu la cause de son voyage, et, sur plusieurs questions qui lui sont adressées, il avoue avoir blâmé devant deux ou trois personnes la mort du duc de Montmorency ; mais il n'en songe pas moins à se rendre à l'invitation. Alors l'inconnu lui déclare qu'il est le bourreau de Paris et qu'il est chargé de le pendre. M. Dumont se sauve à Paris chez un ami et s'embarque bientôt pour l'Angleterre, où il reste jusqu'à la mort de Richelieu.

DÉVELOPPEMENT.

106. Tout le monde, sur la foi des historiens, s'accorde à regarder le cardinal de Richelieu comme un grand ministre ; et sous plus d'un rapport il justifie sa renommée. Il rendit, en effet, un grand service à la monarchie en achevant d'abattre les dernières têtes de l'hydre féodale ; il ouvrit aux lettres un sanctuaire en fondant l'Académie française. On sait que pour sa part il faisait d'assez mauvais vers, mais qu'il payait quelquefois ceux des autres assez généreusement. Peu content de frapper des personnes illustres, il se permettait de temps en temps certaines petites vengeances particulières. Voici à ce sujet une anecdote peu connue :

M. Dumont, petit fabricant de la rue Saint-Denis, reçut un jour une lettre datée de Rueil, village aux environs de Paris, où le cardinal de Richelieu avait sa maison de campagne. Cette lettre contenait une invitation à souper le lendemain chez son éminence. M. Dumont, ne pouvant en croire ses yeux, relit deux ou trois fois la lettre, regarde la suscription, et finit par s'assurer que la lettre lui est réellement adressée. Confondu au dernier point, il appelle sa femme et ses deux filles pour leur faire part de sa bonne fortune.

Qu'on juge un peu de la joie et de l'orgueil des trois mercières !

Elles quittent à l'instant la boutique et vont raconter dans tout le voisinage l'insigne honneur que leur procure cet heureux événement. Tous les notables du quartier accourent pour féliciter la petite famille de la faveur qu'elle vient de recevoir. Le futur convive du cardinal, comme on peut bien le penser, dormit fort peu cette nuit. Il consacra une partie du lendemain à ses apprêts du départ, et vers les quatre heures, monté sur sa mule, il s'achemina vers Rueil.

Il avait à peine passé la barrière que des nuages épais s'amassèrent vers l'horizon, et qu'un tonnerre sourd annonça l'approche d'un violent orage. Le fabricant, ayant négligé de se pourvoir d'un manteau, fit doubler le pas à sa mule ; mais l'orage allait plus vite que la monture. Les éclairs se succédèrent bientôt avec une effrayante rapidité, et la pluie tomba par torrents. M. Dumont, assailli par la tempête, mit pour la première fois sa mule au galop, et, hors d'état de poursuivre sa route, il s'arrêta dans une hôtellerie de Nanterre. Il fit conduire sa mule à l'écurie, et se réfugia dans un salle basse, où les servantes de l'auberge allumèrent un grand feu de fagots pour sécher les vêtements du malencontreux voyageur.

Pendant qu'il procédait à cette opération en occupant un coin du foyer, la porte s'ouvrit et un second voyageur aussi trempé que le fabricant, vint s'emparer de l'autre coin. Les deux voyageurs gardèrent pendant quelque temps le silence. M. Dumont le rompit le premier en s'écriant : « Quel temps détestable ! — Il est fort vilain en effet, répondit l'inconnu, mais ce n'est qu'une pluie d'orage qui, je l'espère, aura peu de durée. — Je le désire bien vivement, poursuivit le fabricant; car une affaire majeure m'appelle à Ruéil. » Le second voyageur se tut. « Écoutez, poursuivit M. Dumont, l'orage, au lieu de s'apaiser, augmente : les coups de tonnerre ébranlent la maison ; la pluie redouble, il faut cependant que je parte. — Monsieur, dit alors l'inconnu, pour se remettre en route, permettez-moi de vous dire qu'il faut des raisons bien graves. — Aussi les miennes sont d'une nature... Au reste, je n'en fais point de mystère : je suis attendu ce soir à souper chez le cardinal de Richelieu. — Ah! je conçois qu'il est difficile de ne point se rendre à une pareille invitation. Mais vous avez encore du chemin à faire, et comment pourrez-vous vous présenter chez son éminence dans l'état où vous êtes? — Son éminence me saura peut-être gré de mon empressement. — Si je ne craignais d'être indiscret, je vous demanderais si vous avez déjà eu quelques relations avec le cardinal. — Aucune. J'avouerai même que rien ne pouvait me faire prévoir la faveur que je reçois. — Le cardinal est fort jaloux de son autorité ; il n'aime point qu'on juge les actes de son ministère ; il suffit quelquefois d'un seul mot pour éveiller ses soupçons. Réfléchissez bien; n'avez-vous donné au cardinal aucun sujet de se plaindre de vous? — Je ne le pense pas. Uniquement occupé de ma profession, je ne m'embarrasse pas de ce qu'ils appellent la politique. Cependant je crois, devant deux ou trois personnes seulement, avoir blâmé la mort du duc de Montmorency, et vous auriez fait comme moi, car mon grandpère était maître d'hôtel dans son illustre maison.

« —Monsieur, vous avez la figure d'une honnête homme ; vous m'inspirez de l'intérêt. Voulez-vous m'en croire ? N'allez point à Rueil. — Moi ! ne point aller à Rueil ! Je pars en dépit de l'orage.—Un mot encore, car votre position me touche infiniment. Vous croyez donc être attendu à Rueil pour souper avec son éminence ? Détrompez-vous ; en effet, on vous attend, mais pour vous pendre. — Ah ! mon Dieu ! que dites-vous ? C'est impossible. — Je vous le répète, pour vous pendre. » Ici M. Dumont, glacé d'épouvante, se rapprocha de l'inconnu. « Au nom du ciel, comment pouvez-vous le savoir ? — J'en suis certain. — Qu'ai-je donc pu faire pour mériter un pareil sort ? — C'est pourtant celui qu'on vous destine, et je puis vous l'assurer, car c'est moi qui suis chargé de vous pendre. » Le fabricant, le visage pâle et défait, recula de trois pas. « Eh ! qui donc êtes-vous, monsieur ? — Le bourreau de Paris. Mandé par son éminence pour vous expédier, et surpris par l'orage, je me suis réfugié comme vous dans cette hôtellerie. Votre physionomie m'a plu. Le cardinal me donne de temps en temps des commissions de la même nature qui ne me sourient point. C'est déjà trop d'avoir à purger la société des criminels qui en sont le fléau. Je vous dirai plus : je songe à me démettre de ma charge. Mais profitez du conseil que je vous donne, et, malgré la violence de la tempête, retournez à Paris sur-le-champ. Songez que je vous rends un grand service, et que la moindre indiscrétion de votre part pourrait me perdre. »

Le fabricant remonta sur sa mule, sans s'inquiéter cette fois de l'orage qui le mouillait jusqu'aux os et rentra dans Paris. Mais au lieu de se rendre dans sa maison, il alla demander asile à un ancien ami, qu'il instruisit de son aventure, sans compromettre toutefois son sauveur. On parvint avec de l'argent à lui procurer un faux passe-port, et, bien déguisé, il partit une nuit pour Calais et s'embarqua pour l'Angleterre. Il y resta jusqu'à la mort du cardinal qui eut lieu deux ans après.   (Baour-Lormian.)

Analyse du développement.

Exposition (25).

107. Dans le préliminaire de ce morceau quelques-unes des pensées ne sont pas assez étendues ; d'autres sont même étrangères au sujet (25). Richelieu, homme d'État, est à peine un accessoire au tableau ; poëte, il n'y figure pas. Nous prenons donc doublement le change, ce qui n'aurait pas lieu, si, tirées du fond du sujet (25), les réflexions avaient porté, par exemple, sur le danger du bavardage ou sur le ridicule de la vanité, ou même si le récit eût commencé à ces mots : « Peu content de frapper des personnes illustres, etc. » Toute l'exposition eût été alors digne d'éloge. L'étonnement de M. Dumont, sa confusion et son empressement d'appeler sa femme et ses deux filles, la joie et l'orgueil des trois mercières qui racontent tout dans le voisinage, les félicitations des notables du quartier, l'agitation d'esprit qui permet à peine au convié de fermer l'œil pendant la nuit, ses apprêts et son départ sur sa mule, sont des accessoires fort amusants.

Nœud (28).

108. L'intrigue commence lorsque M. Dumont s'achemine vers Rueil. Les incidents du voyage, la rencontre des deux personnages qui ne se connaissent pas et dont l'un reste longtemps inconnu du lecteur (28), leur position pittoresque vis-à-vis l'un de l'autre aux coins de la cheminée, leur silence interrompu par l'exclamation de M. Dumont; le caractère simple de l'un, les paroles bienveillantes et mystérieuses de l'autre, la tempête qui sévit de plus belle, l'inquiétude et l'impatience du fabricant, la conversation qui s'anime et devient dramatique (60, remarque), le coup d'œil juste de l'inconnu qui a deviné son homme et va droit au but dans ses questions; son ton de supériorité en parlant de la politique du cardinal ou en donnant des avis à son interlocuteur; l'aveuglement de M. Dumont qui s'entête à partir, et n'ouvre enfin les yeux que quand il a entendu plusieurs fois confirmer positivement la terrible déclaration, sa terreur et ses gestes avant et après que le bourreau s'est démasqué, tous ces détails sont encore vrais (34), plaisants et remplis d'intérêt.

Le caractère de M. Dumont ne se dément pas (34, à la fin). Dans toute sa conduite perce l'envie de se faire connaître. Il n'est pas dans son assiette ordinaire; il bout d'impatience, il éclate. « Quel temps détestable ! — Écoutez, l'orage augmente. — Au reste je n'en fais pas de mystère. » Et quel air d'importance ! Sèche-t-il ses vêtements, « il procède à une opération. » Ce que le bourreau espère, lui il le désire vivement. — Une affaire importante l'appelle à Rueil. — Ses raisons sont d'une nature !... » et il n'a pas d'expression pour achever sa phrase. Enfin il n'y tient plus, il se fait connaître, et chose bizarre! sa langue, qui a failli le perdre, va le sauver. Pauvre M. Dumont! qu'il dut bénir son étoile!

Quant au sauveur de M. Dumont, plus on déteste son affreux ministère, plus on aime sa personne. On aime sa bonté quand il dit à M. Dumont : « Vous avez la figure d'un honnête homme, vous m'inspirez de l'intérêt. Voulez-vous m'en croire? n'allez point à Rueil. » On aime son dévouement à celui que son bavardage perd et sauve tour à tour, lorsqu'après ses confidences, il ajoute : « Songez que je vous rends un grand service et que la moindre indiscrétion de votre part pourrait me perdre ; » on aime enfin ses sentiments lorsqu'il condamne lui-même son état, et que cependant son amour-propre cherche à en pallier la bassesse par le choix des termes. Ce sont « des commissions que lui donne le cardinal. — Il purge la société des criminels qui en sont le fléau. — Il songe à se démettre de sa charge. » C'est que l'homme ne peut oublier entièrement sa dignité (34).

Dénoûment.

109. Le dénoûment est proportionné au récit ; il est naturel et vraisemblable. M. Dumont ne devait pas retourner chez lui, et s'exposer à la perfidie des ennemis secrets qui avaient pu le trahir.

Critique.

110. Quelques réflexions aussi ingénieuses que vives (20), « mit pour la première fois sa mule au galop — l'orage allait plus vite que la monture, etc. » donnent à la diction quelque chose de piquant.

Et pour revenir à **M.** Dumont, quelle simplicité ! « Je ne m'embarrasse pas de ce qu'*ils* appellent la politique. » *Ils !* ce mot est dédaigneux. — « Je crois devant trois personnes seulement, avoir blâmé la mort du duc de Montmorency ; et vous auriez fait comme moi ; car mon grand-père était maître d'hôtel dans son illustre maison. » L'ingénuité de **M.** Dumont n'est pas aussi modeste que celle de l'âne dans **La Fontaine** ; il se garde bien de dire :

> Je n'en avais nul droit, puisqu'il faut parler net.

L'injure des Montmorency, c'est la sienne ; sa vanité est blessée, de là son noble ressentiment.

Vraie ou fictive, la narration familière est une comédie en miniature.

111. FABLE (169).

LE VIEILLARD ET L'ANE.

Un vieillard sur son âne aperçut en passant
　　Un pré plein d'herbe et fleurissant,
Il y lâche sa bête et le grison se rue
　　Au travers de l'herbe menue,
　　Se vautrant, grattant et frottant,
　　Gambadant, chantant et broutant,
　　Et faisant mainte place nette.
　　L'ennemi vient sur l'entrefaite :
　　Fuyons, dit alors le vieillard.
　　Pourquoi ? répondit le paillard ;
Me fera-t-on porter double bât, double charge ?
— Non pas, dit le vieillard, qui prit d'abord le large.

— Et que m'importe donc, dit l'âne, à qui je sois ?
    Sauvez-vous et me laissez paître.
    Notre ennemi, c'est notre maître :
    Je vous le dis en bon françois.

Exposition. — Analyse.

112. L'exposition est courte ; deux vers seulement. La riante imagination de La Fontaine s'y montre déjà.

    Un vieillard sur son âne ;

Tableau grotesque et plaisant.

    Un pré plein d'herbe et fleurissant ;

Perspective gracieuse et attrayante. Le reste n'est pas indigne de ce début.

    Il y lâche sa bête ;

Expression convenable au personnage, surtout dans l'opinion du vieillard qui juge sur l'apparence.

    Le grison

Terme significatif.

    Se rue,

Mot vif et énergique.

    Au travers de l'herbe menue,

Détail riant.

    Se vautrant, grattant et frottant,
    Gambadant, chantant et broutant.

Harmonie imitative (61) et habile gradation (46) ; l'âne se rue dans le pré ; vous le voyez qui s'y vautre, qui s'y gratte, qui s'y frotte ; bientôt il se relève, car il gambade ; mieux que cela il chante ; et quand il s'est bien dégourdi de toute façon, le voilà qui s'en donne, broutant et faisant mainte place nette, dit La Fontaine, dans son style familier et naturel.

> L'ennemi vient sur l'entrefaite;

L'intrigue marche vite (28).

> Fuyons!

Cri d'alarme. Mais l'âne, moins âne qu'on le suppose, d'un seul coup d'œil a tout mesuré :

> Pourquoi?

répond-il ; quel calme! quel aplomb!

> Me fera-t-on porter double bât, double charge?

Toute objection est impossible.

> Non pas, dit le vieillard, qui prit d'abord le large;

L'impertinence de l'âne redouble :

> Et que m'importe donc à qui je sois?
> Sauvez-vous et me laissez paître.

Toute la situation est dans cette antithèse.
C'est peu d'être orateur, le voici philosophe.

> Notre ennemi, c'est notre maître.

Telle est la moralité de la fable (21); le vieillard doit la comprendre; la naïveté de l'âne n'en doute pas; il ajonte pour couronner son insolence :

> Je vous le dis en bon françois (5, *style naïf*).

Dans cette petite fable chaque trait porte; rien d'oiseux, rien qui n'ait son mérite; c'est un composé de poësie, d'originalité, de naturel et de grâce. C'est par de telles qualités qu'on rencontre à chaque pas dans ses écrits, que La Fontaine l'emportera toujours sur les autres fabulistes, et pour rappeler quelques paroles de Patru « ce qu'il dit ne peut être dit en moins de mots, et vous ne le diriez pas si bien. L'inexprimable enchantement qu'il répand dans ses fables ne permet pas à l'imagination de rien voir au delà ; c'est encore autre chose que la perfection ; il est fini, il est irréprochable. La Fontaine, oh ! que la nature l'avait bien traité ! Aussi n'en a-t-elle pas fait un second. »

CHAPITRE V.

DISCOURS.

113. Le Discours est un assemblage de phrases et de raisonnements disposés avec art pour *convaincre* et *persuader* [1].

Convaincre, c'est éclairer les esprits.

Persuader, c'est entraîner les volontés.

L'orateur y réussira surtout, s'il parvient à *plaire* et à *émouvoir ;* on plaît par les *mœurs,* on émeut par les *passions.*

Convaincre et persuader à la fois, c'est le triomphe de l'*éloquence* [2].

ESSENCE DU DISCOURS.

114. Le Discours, comme la Narration, (22) suppose l'*Invention* (23), la *Disposition* (24) et l'*Élocution* (30 jusqu'à 85).

INVENTION ET ÉLOCUTION.

L'Invention et l'Élocution du discours ne diffèrent pas de celles de la Narration.

---

[1] L'art qui donne les règles du discours se nomme *Rhétorique.*

[2] Ce n'est pas à dire que l'*éloquence* n'existe que dans le discours. L'*éloquence,* comme le *sublime,* se révèle par une action, une parole, un geste, un regard, une attitude et même par le silence.

DISPOSITION.

115. La *Disposition* a sept parties : l'*Exorde*, la *Proposition*, la *Narration*, la *Confirmation*, la *Réfutation*, la *Récapitulation* et la *Péroraison*.

Exorde.

116. L'Exorde est le commencement du discours.

Le but de l'exorde est d'indiquer le sujet du discours et de rendre l'auditeur à la fois attentif et bienveillant.

De là trois conditions pour l'*Exorde* : 1° d'*être clair*, 2° de *donner une idée avantageuse du sujet*, 3° d'*annoncer de la probité dans l'orateur*.

Espèces d'exorde.

Il y a *quatre espèces d'Exorde* : l'*Exorde simple*, l'*Exorde insinuant*, l'*Exorde ex abrupto* et l'*Exorde pompeux*.

L'Exorde doit être *simple*, quand le sujet du discours n'est pas important, ou qu'il est clair, ou que l'auditeur est bien disposé ; *insinuant*, quand le sujet répugne à ceux que l'on veut persuader ; *ex abrupto*, quand il préoccupe vivement l'auditoire ; *pompeux*, quand il est brillant et qu'on est attiré par le plaisir d'entendre l'orateur.

Manière de traiter l'exorde.

L'*Exorde simple* ne demande point d'apprêt ; le style en doit être généralement *concis* et *net* (5).

L'*Exorde insinuant* demande de l'adresse, l'insinuation consistant à ne point parler de l'objet du discours, mais d'un autre qui lui ressemble, ou du moins qui ait avec lui quelques rapports, et permette, par l'intérêt qu'il offre, d'aborder le véritable sujet et de vaincre insensiblement les préventions. Le style de cet exorde dépend du point de vue de l'orateur.

L'*Exorde ex abrupto* consiste à se livrer dès le début aux mouvements oratoires les plus passionnés. Le style en est *véhément*.

L'*Exorde pompeux* demande beaucoup d'art ; le style en doit être *magnifique* (6). Cet *exorde*, convenable aux discours d'apparat, est rare dans l'école.

Proposition.

117. La PROPOSITION est l'exposé du sujet.

Il y a deux sortes de Propositions : la *Proposition simple* et la *Proposition composée*.

On nomme *Proposition simple* celle qui ne renferme qu'une question, et *Proposition composée*, celle qui en renferme plusieurs.

Il est rare que dans un sujet classique la Proposition soit *composée*.

Toute Proposition doit être *précise* (33, 2°) et *nette* (56).

Narration.

118. Voyez 14.

Ce qu'on ne doit pas oublier surtout, c'est que la *Narration* doit être appropriée aux vues de l'orateur, ne contenir rien qui soit superflu, rien qui ne la fortifie.

Il n'est pas moins important de remarquer qu'elle admet tous les *tons* et même tous les *genres* selon la nature du sujet , et qu'en cela elle peut plus ou moins s'écarter de la Narration oratoire (14).

Confirmation.

119. La Confirmation est la partie du discours qui donne les *preuves* des faits avancés par la *Narration*. Ces *preuves* se nomment *arguments*.

Deux choses sont essentielles à l'*Argumentation* : le *choix* et l'*ordre* des preuves.

Il ne faut choisir, en général, que des preuves absolument bonnes.

Si l'on est forcé d'employer des preuves faibles, il faut les réunir, pour qu'elles se prêtent un mutuel appui. Les preuves fortes et convaincantes doivent être développées séparément, pour qu'elles ressortent mieux.

La *gradation* doit, en général, être observée dans les preuves ; cependant l'art exige quelquefois que les plus faibles tiennent le milieu.

L'*argumentation oratoire* ne doit pas avoir la sécheresse et la raideur de l'*argumentation philosophique.*

Ne dites pas :

Il faut aimer ce qui est bon ;
Or, Dieu est bon ;
Donc, il faut aimer Dieu.

Dites :

Aimez Dieu puisqu'il est bon, ou bien, *Dieu est bon, et vous ne l'aimeriez pas !*

Ne dites pas :

Il faut détester ce qui nous rend méchants;

C'est un principe que nous révèle la conscience, que confirment la religion, la morale et l'expérience;

Or, l'égoïsme nous rend méchants, car il éteint dans nos cœurs toute générosité et tarit les sources de la charité et de toutes les nobles actions; il nous rend intéressés, avares et froidement cruels;

Donc, il faut détester l'égoïsme.

Rejetez les *or*, les *car* et les *donc*..... etc.; prenez un tour plus vif;

Dites :

Comment ne pas détester l'égoïsme! Il éteint dans nos âmes toute générosité; il tarit les sources de la charité et de toutes les belles actions. Est-il rien qui, plus que l'égoïsme, rende l'homme intéressé, avare et froidement cruel!

Le discours entier n'est que le développement des deux dernières propositions d'un syllogisme qu'il est bon de ne jamais perdre de vue, si l'on ne veut pas s'écarter du sujet (Voyez 130, 137, 138, 143).

Réfutation.

120. La Réfutation répond aux objections opposées ou qui pourraient être opposées soit au fait principal, soit aux faits accessoires.

La *Réfutation* peut se placer après la Confirmation, ou s'y mêler, ou marcher de front avec elle; elle a aussi sa place dans tout le discours selon le besoin.

Nous verrons même plus bas que toutes les parties oratoires se fondent quelquefois les unes dans les autres.

Le jugement en dira à cet égard plus que les préceptes.

Récapitulation.

121. La Récapitulation est une répétitiou sommaire des preuves. Elle précède généralement la *Péroraison*; elle en fait partie quelquefois.

Péroraison.

122. La Péroraison est la conclusion du discours; elle achève : 1° de convaincre (86), par un résumé rapide des preuves ; 2° de persuader (86), par les accents de l'âme les plus véhéments et les plus pathétiques.

Remarque. Quelquefois le discours n'a pas de narration proprement dite. — Quant à l'exorde, à la Péroraison et à la Récapitulation, ils ne sont nécessaires en général que dans les grands sujets.

CHAPITRE VI.

ANALYSES.

MODÈLE D'EXORDE SIMPLE.

SUJET : TANNEGUY DUCHATEL A CHARLES VII.

123. Charles VII combattait à la fois contre les Anglais qui ravageaient la France, et contre les ducs de Bourgogne et de Bretagne. Le duc de Bourgogne fut assassiné à Montereau, et Tanneguy Duchatel fut soupçonné de complicité dans ce meurtre. Le duc de Bretagne ayant exigé de Charles VII l'exil de ce seigneur, Duchatel, qui était déjà vieux et jouissait depuis longtemps de la faveur du prince, l'aborde et lui dit :

DÉVELOPPEMENT [1].

Exorde.

124. « Sire, après avoir été plus de trente ans au service du roi votre père, je n'ai point souhaité d'autre récompense que me donner entièrement à Votre Majesté. Il vous a plu me recevoir et m'employer dans les occasions les plus difficiles, et quant au conseil, et quant à l'exécution ; et même de me témoigner souvent que mes actions et mes avis vous étaient agréables ; mais cela ne m'a pas fait croire que je fusse capable d'au-

---

[1] Nous ne relevons ni dans cette pièce, ni dans la suivante les imperfections de détail, qui ôtent peu à leur mérite et leur donnent peut-être plus de naturel.

cune chose dont mille autres ne le fussent plus que
moi; et plusieurs fois m'étant considéré moi-même, je
n'ai rien trouvé en ma personne digne d'être considéré de Votre Majesté. Cette pensée m'eût obligé, il y
a longtemps, à vous demander la permission de me
retirer, si je n'eusse craint qu'à cause des malheureu-
ses factions qui règnent, ma retraite n'eût été soup-
çonnée d'infidélité, ou du moins attribuée à une oisiveté hors de raison. »

Proposition.

125. Mais puisque mes ennemis mêmes demandent
ce que je souhaite, je joins mes très-humbles prières
avec leur requête, et vous supplie, Sire, d'accorder à
mes services ce qu'ils croient devoir être accordé à
leur vengeance.

Narration.

126. Mes actions leur ont toujours été fort mal
connues, et ils ne connaissent point encore mon inclination; jamais elle n'a été attachée qu'à la gloire de
mon prince et au bien de son État. Mes ennemis ont cru
la contraindre en m'éloignant de la cour, n'ayant pu
m'éloigner de vos bonnes grâces; mais il en est bien
autrement. Les faveurs que j'ai reçues de votre main
et cette affection, que vous témoignez à me retenir, m'o-
bligent d'en sortir avec bien plus de satisfaction que je
n'y suis entré. Car ç'a toujours été ma pensée, que ceux
qui ne la peuvent quitter quand l'intérêt du public le
demande, sont bien esclaves de l'ambition et de la vanité, mais non pas serviteurs de leur prince, gens qui
ne voudraient pas s'exposer pour eux-mêmes, et qui
ne se tiennent pas tant attachés à sa personne qu'à la
poursuite du profit et des honneurs. Si vous avez re-

5.

connu, Sire, comme j'ai toujours essayé de vous le montrer, que mon sentiment était tel, je vous supplie de ne vouloir pas qu'il paraisse maintenant aux yeux du monde autrement qu'il n'est.

Confirmation et réfutation.

127. Votre sûreté et le bien de la France désirent que je m'éloigne ; ne considérez plus, s'il vous plaît, la bienveillance dont vous m'honorez, mais l'obligation que vous avez à votre État et l'amour que vous devez à vos peuples, et pensez que par l'absence d'un seul homme fort inutile, vous acquerrez un puissant duc et une riche province, dans laquelle il y a plusieurs milliers d'hommes plus considérables que je ne suis ; en un mot que c'est le seul moyen de rétablir cette monarchie pour le salut de laquelle un faible vieillard comme moi ne peut contribuer que de ses désirs.

Récapitulation.

128. Donc à tant de faveurs que vous m'avez faites, desquelles vous n'avez tiré aucun fruit, ajoutez-en une, s'il vous plaît, qui vous soit aussi utile qu'à moi glorieuse, afin que, tout ensemble, la France voie un témoignage et de votre bonté et de ma reconnaissance.

Distribuez, s'il vous plaît, vos autres bienfaits à tant de braves gentilshommes qui les ont si bien gagnés aux dépens de leur sang, et dont le secours, ne vous étant pas moins fidèle, vous sera plus avantageux que tout le service que je puis rendre.

Péroraison.

129. Pour moi, Sire, j'estime que la seule grâce que je vous demande, étant nécessaire pour le temps, est aussi plus séante à ma vieillesse, et que ma vigueur étant presque tout usée, et n'ayant plus tantôt que la seule volonté de bien faire, il ne me reste pour être tout à fait heureux que d'avoir la gloire de vous servir, même en ne vous servant plus.

MÉZERAY (*Histoire de France*).

Analyse du développement.

130. Ce discours est le développement de ce *syllogisme* :

Un homme d'État, qui dans son poste nuit plus qu'il ne sert, doit se retirer ;

Or, Duchatel dans son poste nuit plus qu'il ne sert ;

Donc Duchatel doit se retirer.

La première proposition, qui est générale, n'est pas difficile à admettre ; mais la deuxième, qui est particulière à Duchatel, a besoin d'être démontrée. Or, elle se fonde sur des faits positifs, sur le succès des Anglais, sur les factions intestines qui déchirent la France, sur la demande que fait le duc de Bretagne de l'exil de Duchatel, enfin sur la vieillesse de Duchatel.

Ces faits, qui font partie de la Narration, justifient déjà la Proposition du discours, et tiennent sous ce rapport à la Confirmation. Les prémisses [1] du syllogisme se trouvent donc incontestables et la conclusion s'ensuit naturellement.

Mais si la conviction est opérée, la persuasion peut ne pas l'être ; en d'autres termes, si l'esprit est éclairé le cœur peut résister.

---

[1] C'est ainsi que se nomment les deux premières propositions d'un syllogisme.

Charles, en effet, a de l'affection pour son serviteur.

D'ailleurs Duchatel ne pourrait-il pas être mû dans sa démarche par un intérêt personnel ?

Il peut donc y avoir des objections.

L'orateur ne les attend pas. Il s'empresse de détruire toute prévention ; ayant recours en un mot à la Réfutation, il jette un coup d'œil sur le passé ; il rappelle les services qu'il a rendus d'abord à Charles VI et ensuite à Charles VII lui-même ; mais il le fait d'une manière simple et accessoire, sans jactance. Cette partie du discours appartient encore de sa nature à la narration ; cependant elle se rattache aussi à la confirmation, car elle prouve que la nécessité seule change les vues d'un homme de bien.

Et, comme il est important que l'orateur se fasse écouter avec bienveillance, il profite de son argument pour donner dès le début une bonne opinion de lui-même. Il trouve ainsi un exorde où vient se fondre naturellement une partie et de la narration et de la confirmation.

Abordant alors le présent, il parle de ses ennemis, de la demande qu'ils font de son exil, et il se joint à eux pour l'obtenir. Ainsi se termine la narration qui, vu les circonstances, n'a pas exigé de grands détails.

Revenant ensuite à la réfutation : « Ne considérez plus, dit l'orateur, la bienveillance dont vous m'honorez, » et il fortifie ces paroles de raisons plus puissantes que les premières, mettant en jeu l'intérêt personnel du prince et celui même de l'État. Quel avantage de gagner à sa cause, dans un moment si critique, un ennemi puissant comme le duc de Bretagne, qui, au lieu de détruire la patrie de Charles, rétablira cette monarchie pour laquelle Duchatel ne peut plus rien !

C'est ainsi que, par des preuves adroitement graduées, se confirme de plus en plus la nécessité où Duchatel est de demander sa retraite.

Viennent enfin tout à la fois, et marchant de front, les deux dernières parties du discours, la récapitulation et la péroraison. Duchatel a suffisamment montré son désintéressement et la noblesse de son âme ; il lui est permis de parler un peu de ses intérêts ; loin de compromettre sa cause, il va la gagner en s'adressant à la bonté de Charles ; il réclame le repos comme une faveur *aussi utile au prince qu'à lui glorieuse*, et, afin de manifester encore son dévouement à son roi, il appelle, par un sentiment de justice, ses bienfaits sur la tête *de braves gentilshommes dont le secours peut lui être avantageux*, tandis que lui, Duchatel, *vieux et usé, n'a plus que la volonté de bien faire.*

C'est ainsi que toutes les parties du discours, que la théorie distingue et isole, se mêlent dans la pratique et se prêtent un mutuel secours. C'est ainsi que l'expression des mœurs y répand la vie et contribue puissamment à la persuasion.

MODÈLE D'EXORDE INSINUANT.

SUJET : LA MÈRE DE SAINT-CHRYSOSTÔME A SON FILS.

(*Extrait* de Chateaubriand.)

131. Saint-Chrysostôme avait un ami, nommé Basile, qui lui avait persuadé de quitter la maison de sa mère pour mener avec lui une vie solitaire et retirée.

« Dès que cette mère désolée eut appris cette nouvelle, elle me prit la main, dit Saint-Chrysostôme, me mena dans sa chambre , et, m'ayant fait asseoir auprès d'elle sur le même lit où elle m'avait mis au monde , elle commença à pleurer et à me parler en des termes qui me donnèrent encore plus de pitié que ses larmes. »

DÉVELOPPEMENT.

Exorde et narration.

152. Mon fils, Dieu n'a point voulu que je jouisse longtemps de la vertu de votre père. Sa mort, qui suivit de près les douleurs que j'avais endurées pour vous mettre au monde, vous rendit orphelin, et me laissa veuve plus tôt qu'il n'eût été utile à l'un et à l'autre. J'ai souffert toutes les peines et toutes les incommodités du veuvage, lesquelles, certes, ne peuvent être comprises par les personnes qui ne les ont point éprouvées. Il n'y a point de discours qui puisse représenter le trouble et l'orage où se voit une jeune femme qui ne vient que de sortir de la maison de son père, qui ne sait point les affaires, et qui , étant plongée dans l'affliction, doit prendre de nouveaux soins dont la faiblesse de son âge et celle de son sexe sont peu capables ! Il faut qu'elle supplée à la négligence de ses serviteurs et se garde de leur malice; qu'elle se défende des mauvais desseins de ses proches ; qu'elle souffre constamment les injures des partisans et l'insolence et la barbarie qu'ils exercent dans la levée des impôts.

Quand un père en mourant laisse des enfants , si c'est une fille, je sais que c'est beaucoup de peine et de soin pour une veuve : ce soin néanmoins est supportable, en ce qu'il n'est pas mêlé de crainte ni

de dépenses. Mais si c'est un fils, l'éducation en est
bien plus difficile, et c'est un sujet continuel d'appré-
hension et de soins, sans parler de ce qu'il coûte pour
le faire bien instruire.

Tous ces maux pourtant ne m'ont point portée à
me remarier.

Je suis demeurée ferme parmi ces orages et ces
tempêtes ; et, me confiant surtout à la grâce de Dieu,
je me suis résolue de souffrir tous ces troubles que
le veuvage apporte avec soi.

Mais ma seule consolation dans ces misères a été de
vous voir sans cesse et de contempler dans votre visage l'image vivante et le portrait fidèle de mon mari
mort : consolation qui a commencé dès votre enfance,
lorsque vous ne saviez pas encore parler, *qui*[1] *est* le
temps où les pères et les mères reçoivent plus de
plaisir de leurs enfants.

Je ne vous ai point aussi donné sujet de me dire que,
à la vérité, j'ai soutenu avec courage les maux de ma
condition présente, mais aussi que j'ai diminué le bien
de votre père pour me tirer de ces incommodités, *qui
est*[1] un malheur que je sais arriver souvent aux pupil-
les ; car je vous ai conservé tout ce qu'il vous a laissé,
quoique je n'aie rien épargné de tout ce qui vous a été
nécessaire pour votre éducation. J'ai pris ces dépenses
sur mon bien et sur ce que j'ai eu de mon père en ma-
riage ; ce que je ne vous dis point, mon fils, dans la vue
de vous reprocher les obligations que vous m'avez.

---

[1] Tournure choquante.

Proposition.

133. Pour tout cela je ne vous demande qu'une grâce : ne me rendez pas veuve une seconde fois.

Confirmation.

134. Ne rouvrez pas une plaie qui commençait à se refermer. Attendez au moins le jour de ma mort; peut-être n'est-il pas éloigné. Ceux qui sont jeunes peuvent espérer de vieillir; mais à mon âge je n'ai plus que la mort à attendre. Quand vous m'aurez ensevelie dans le tombeau de votre père et que vous aurez réuni mes os à ses cendres, entreprenez alors d'aussi longs voyages et naviguez sur telle mer que vous voudrez ; personne ne vous en empêchera. Mais pendant que je respire encore, supportez ma présence et ne vous ennuyez point de vivre avec moi. N'attirez pas sur vous l'indignation de Dieu , en causant une douleur si sensible à une mère qui ne l'a point méritée.

Récapitulation et péroraison.

135. Si je songe à vous engager dans les soins du monde, et que je veuille vous obliger de prendre la conduite de mes affaires, qui sont les vôtres, n'ayez plus d'égard, j'y consens, ni aux lois de la nature, ni aux peines que j'ai essuyées pour vous élever, ni au respect que vous devez à une mère , ni à aucun autre motif pareil. Fuyez-moi comme l'ennemi de votre repos, comme une personne qui vous tend des piéges dangereux.

Mais si je fais tout ce qui dépend de moi afin que vous puissiez vivre dans une parfaite tranquillité, que cette considération du moins vous retienne, si toutes les autres sont inutiles. Quelque grand nombre d'amis que vous ayez, nul ne vous laissera vivre avec autant de liberté que je fais. Aussi n'y en a-t-il point qui ait la même passion que moi pour votre avancement et pour votre bien.

Observations.

156. Réduisons encore le fond de ce discours à la forme syllogistique, et nous aurons :

Lorsqu'une mère s'est sacrifiée pour l'éducation de son fils, il a tort de l'abandonner ;

Or, la mère de Chrysostôme s'est sacrifiée pour l'éducation de son fils ;

Donc ce fils a tort de l'abandonner.

Rapportons maintenant le tout aux deux dernières propositions et nous verrons quel est le mérite de ce développement, modèle de douce insinuation, de pathétique, de délicatesse, de naturel, où toutes les parties oratoires viennent se fondre en un récit naïf et en une prière touchante, et nous prouver de nouveau que, loin de devoir être détachées d'une manière absolue, elles se tiennent intimement et sont en quelque sorte solidaires les unes des autres.

Et c'est là en général l'effet d'un sentiment profond. L'âme, à la suite d'une violente secousse ou d'une longue observation (23), se plaît à s'épancher, et la parole abondante coule sans apprêt comme sans effort.

L'antiquité païenne, dit M. de Chateaubriand, peut-elle nous offrir un discours plus beau, plus vif, plus tendre, plus éloquent que celui-ci, mais de cette éloquence simple et naturelle qui passe infiniment tout ce que l'art le plus étudié pourrait avoir de plus brillant. Y a-t-il dans ce discours aucune pensée recherchée , aucun tour extraordinaire ou affecté? Ne voit-on pas que tout y coule de source et que c'est la nature même qui l'a dicté? Mais ce que j'admire le plus, c'est la retenue inconcevable d'une mère affligée à l'excès et pénétrée de douleur , à qui, dans un état si violent, il n'échappe pas un seul mot ni d'emportement , ni même de plainte contre l'auteur de ses peines et de ses alarmes, soit par respect pour la vertu de Basile , soit par la crainte d'irriter son fils qu'elle ne songeait qu'à gagner et à attendrir.

MODÈLES D'EXORDE EX ABRUPTO.

Les deux discours suivants, dont les pensées et le style sont pleins d'énergie et de véhémence, **nous offrent** deux modèles de l'Exorde *ex abrupto*, inspirés l'un par la violence et le fanatisme, l'autre par l'humanité et par une sainte indignation. Les analyses que nous avons déjà faites permettront d'en reconnaître facilement le mérite.

SUJET : FERNAND DE LUCQUES AUX ESPAGNOLS.

137. Pizarre allait conquérir le Pérou. Las-Cases avait pris la parole dans le conseil et engagé les Espagnols à traiter les Indiens avec douceur et justice ; quand il eut fini de parler, Fernand de Lucques prononça un discours que, d'après les principes que nous avons posés, nous réduisons à ce syllogisme :

Des idolâtres ne méritent aucune pitié ;

Or, les Péruviens sont des idolâtres;

Donc ils ne méritent aucune pitié.

Évidemment, la première proposition doit révolter toute âme honnête. Or, dans ce cas, les deux autres reposant sur un principe faux, leur développement est erroné. C'est ce qu'on nomme *sophisme*.

DÉVELOPPEMENT.

Exorde.

138. Quoi! jurer à Dieu de ménager des barbares qui le blasphèment et qui brûlent devant des idoles un encens qui n'appartient qu'à lui!

Proposition.

139. Jurons plutôt de les exterminer, s'ils osent défendre leurs temples et refuser le Dieu que nous leur annonçons.

Narration et confirmation.

140. L'Amérique nous appartient au même titre que Chanaan appartenait aux Hébreux. Le droit du glaive qu'ils avaient sur l'idolâtre Amalécite, nous l'avons sur des infidèles plus aveuglés, plus abrutis dans leurs détestables erreurs. Ils se plaignent qu'on leur impose un trop rigoureux esclavage; mais eux-mêmes sont-ils plus doux, plus humains envers leurs captifs? Sur des autels rougis de sang, ils leur déchirent les entrailles; ils se partagent par lambeaux leurs membres encore palpitants; ils les dévorent, les barbares! ils en sont les vivants tombeaux. Et c'est pour cette race impie qu'on parle avec tant de chaleur! Si les châtiments les effrayent, qu'ils cessent de nous dérober cet or stérile dans leurs mains et qui nous a coûté tant de périls et de fatigues. Quoi ! n'avez-vous franchi les mers, n'avez-vous bravé les tempêtes et cherché ce malheureux monde à travers tant d'écueils, que pour abandonner l'unique fruit de vos travaux, et vous en retourner les mains vides, et ne rapporter en Espagne que la honte et la pauvreté? L'or est un don de la nature. Inutile à ces peuples, il nous est nécessaire : c'est donc à nous qu'il appartient, et leur malice opiniâtre à le cacher, à l'enfouir, les rendrait seule assez coupables pour justifier nos rigueurs.

Péroraison.

141. Quant à leur esclavage, il est la pénitence des crimes dont les a souillés un culte impie et sanguinaire. Ce ne sont pas les creux des mines, où ils sont enfermés vivants, que l'on doit redouter pour eux ; ils méritent d'autres ténèbres que ces noirs cachots ; et pourvu qu'ils y meurent résignés et contrits, ils béniront un jour les mains qui les auront chargés de chaînes.

SUJET : RÉPONSE DE LAS-CASES À FERNAND DE LUCQUES.

Cette réponse peut se réduire à ce syllogisme :

Un chrétien doit aimer ses semblables ;
Or, les Péruviens sont nos semblables ;
Donc il faut les aimer.

DÉVELOPPEMENT.

Exorde.

142. Prêtre d'un Dieu de paix, vos lèvres, où ce

Dieu reposait tout à l'heure[1], ont-elles proféré ce que je viens d'entendre? Est-ce du haut du bois arrosé de son sang, où, s'immolant pour tous les hommes, sa bouche expirante implorait la grâce de ses ennemis, est-ce du haut de cette croix qu'il vous a dicté ce langage?

Vous, chrétien, vous parlez d'exterminer un peuple qui ne vous a fait aucun mal!

Proposition.

143. S'il vous en avait fait, votre religion vous dirait encore de l'aimer.

Narration, confirmation et réfutation.

144. Vous vous comparez aux Hébreux, et ce peuple aux Amalécites! Laissez, laissez là ces exemples dont on n'a que trop abusé. Si Dieu dans ses conseils a jamais dérogé aux saintes lois de la nature, il a parlé, il a donné un décret formel, authentique, dans toute la solennité que sa volonté doit avoir pour forcer l'homme à lui obéir plutôt qu'à la voix de son cœur, et ce décret n'a pu s'étendre au delà des termes précis où lui-même il l'avait renfermé. L'ordre accompli, la loi qu'il avait suspendue a repris son cours éternel. Dieu parlait aux Israélites, mais Dieu ne vous a point parlé. Tenez-vous donc à la loi qu'il a donnée à tous les hommes: Aimez-moi, aimez vos semblables, voilà sa loi. Sont-ce là vos tortures, vos chaînes et vos bûchers?

Les Indiens, sans doute, ont exercé entre eux des cruautés bien condamnables: mais fussent-ils plus inhumains, est-ce à vous de les imiter? Leur malheur,

---

[1] Il venait de communier.

hélas ! est de croire à des dieux sanguinaires. Si, au lieu du tigre, ils voyaient sur leurs autels l'Agneau sans tache, ils seraient doux comme l'agneau. Et qui de nous peut dire qu'élevé dès l'enfance dans le sein des mêmes erreurs, l'exemple de ses pères, les lois de son pays n'auraient pas tenu sa raison captive sous le même joug ? Plaignez donc, sans les condamner, ces esclaves de l'habitude, ces victimes du préjugé. Cependant, dites-moi s'ils sont partout les mêmes, et quel mal avaient fait les peuples de l'Amérique espagnole et de Cuba ? Rien de plus doux , de plus tranquille, de plus innocent que ces peuples. Toute leur vie était une paisible enfance ; ils n'avaient pas même de flèches pour blesser les oiseaux de l'air. Les en a-t-on plus épargnés ? C'est là que j'ai vu des brigands, sans motifs , sans remords, massacrer des enfants, égorger les vieillards, se saisir des femmes enceintes, leur déchirer le sein, en arracher le fruit.

Récapitulation.

145. O religion sainte ! voilà donc tes misères ! O Dieu de la nature ! voilà donc tes vengeurs ! Enfermer un peuple vivant dans les rochers où germe l'or, l'y faire périr de misère, de fatigue et d'épuisement pour accumuler vos richesses, et pour engendrer sur la terre tous les vices, enfants du luxe, de l'orgueil et de l'oisiveté !

Péroraison.

146. O Fernand ! c'est la pénitence que vous imposez à ces peuples. Écartez ce masque hypocrite qui vous gêne sans nous tromper. Vous servez un dieu, mais ce dieu, c'est l'impitoyable avarice. C'est elle qui, par votre bouche, outrage ici l'humanité, et veut rendre le ciel complice des fureurs qu'elle inspire et des maux qu'elle fait.

MARMONTEL (*Les Incas*).

MODÈLE D'EXORDE POMPEUX.

147. L'Exorde pompeux ne peut être que très-rare dans l'école ; en voici un célèbre exemple :

EXORDE DE L'ORAISON FUNÈBRE DE LA REINE D'ANGLETERRE.

Celui qui règne dans les cieux et de qui relèvent tous les empires, à qui seul appartient la gloire, la majesté et l'indépendance, est aussi le seul qui se glorifie de faire la loi aux Rois et de leur donner, quand il lui plaît, de grandes et terribles leçons. Soit qu'il élève les trônes, soit qu'il les abaisse ; soit qu'il communique sa puissance aux princes, soit qu'il la retire à lui-même et ne leur laisse que leur propre faiblesse, il leur apprend leur devoir d'une manière souveraine et digne de lui : car, en leur donnant la puissance, il leur commande d'en user comme il fait lui-même pour le bien du monde ; et il leur fait voir, en la retirant, que toute leur majesté n'est qu'empruntée, et que, pour être assis sur le trône, ils n'en sont pas moins sous sa main et sous son autorité suprême. C'est ainsi qu'il instruit les princes, non-seulement par des discours et des paroles, mais encore par des effets et des exemples. *Et nunc, Reges, intelligite, erudimini, qui judicatis terram.*

Chrétiens, que la mémoire d'une grande Reine, fille, femme, mère de rois si puissants, et souveraine

de trois royaumes, appelle de tous côtés à cette triste
cérémonie, ce discours vous fera paraître un de ces
exemples redoutables qui étalent aux yeux du monde
sa vanité tout entière. Vous verrez dans une seule vie
toutes les extrémités des choses humaines, la félicité
sans bornes aussi bien que les misères; une longue et
pénible jouissance d'une des plus nobles couronnes de
l'univers; tout ce que peuvent donner de plus glorieux
la naissance et la grandeur accumulées sur une tête,
qui ensuite est exposée à tous les outrages de la fortune; la bonne cause d'abord suivie de bons succès,
et depuis de retours soudains, de changements inouïs;
la rébellion longtemps retenue, à la fin tout à fait
maîtresse; nul frein à la licence; les lois abolies; la
majesté violée par des attentats jusqu'alors inconnus;
l'usurpation et la tyrannie sous le nom de liberté; une
reine fugitive qui ne trouve aucune retraite dans trois
royaumes, et à qui sa propre patrie n'est plus qu'un
triste lieu d'exil; neuf voyages sur mer, entrepris par
une princesse malgré les tempêtes; l'Océan étonné
de se voir traversé tant de fois en des appareils si divers et pour des causes si différentes; un trône indi-
gnement renversé et miraculeusement rétabli : voilà
les enseignements que Dieu donne aux Rois. Ainsi
fait-il voir au monde le néant de ses pompes et de ses
grandeurs.

Si les paroles nous manquent, si les expressions ne
répondent pas à un sujet si vaste et si relevé, les
choses parleront assez d'elles-mêmes. Le cœur d'une
grande reine, autrefois élevé par une si longue suite
de prospérités et puis plongé tout à coup dans un
abîme d'amertumes, parlera assez haut; et, s'il n'est pas

permis aux particuliers de faire des leçons aux princes sur des événements si étranges, un roi me prête ces paroles pour leur dire : *Entendez, ô grands de la terre; instruisez-vous, arbitres du monde !*

Réflexions sur cet exorde.

148. Les exordes pompeux sont loin d'avoir tous cette étendue. Celui-ci est proportionné au discours qui l'a inspiré. On peut y reconnaître trois parties bien distinctes. La première est la morale du discours, la seconde en est le résumé historique; la troisième est une superbe précaution oratoire.

Le discours étant trop long pour être rapporté ici, nous engageons les jeunes gens à le lire en entier et à s'en pénétrer; ils ne sauraient faire une étude à la fois plus sérieuse, plus attachante et plus utile.

On conçoit que dans de pareils écrits viennent s'intercaler souvent des morceaux assez étendus et assez complets pour faire à eux seuls un tout qui pourtant se rattache entièrement à l'ouvrage principal. Je n'en donnerai qu'un exemple. Je me plais à le citer surtout parce qu'il me paraît, dans son admirable simplicité, être assez profond et assez significatif pour mériter toute notre attention :

« Il restait ce secret regard d'une Providence miséricordieuse (c'est Bossuet qui parle ainsi dans l'oraison funèbre d'Anne de Gonzague), qui la voulait rappeler des extrémités de la terre, et voici quelle fut la première touche. Prêtez l'oreille, messieurs; elle a quelque chose de miraculeux. Ce fut un songe admirable, de ceux que Dieu même fait venir du ciel par le ministère des anges, dont les images sont si nettes

6

et si démêlées, où l'on voit je ne sais quoi de céleste. Elle crut (écoutez, et prenez garde surtout de n'écouter pas avec mépris l'ordre des avertissements divins et la conduite de la grâce), elle crut, dis-je, que marchant seule dans une forêt, elle y avait rencontré un aveugle dans une petite loge. Elle s'approche pour lui demander s'il était aveugle de naissance, ou s'il l'était devenu par quelque accident; il répondit qu'il était aveugle-né.—Vous ne savez donc pas, reprit-elle, ce que c'est que la lumière qui est si belle et si agréable, et le soleil qui a tant d'éclat et de beauté?—Je n'ai, dit-il, jamais joui de ce bel objet, et je ne puis m'en former aucune idée ; je ne laisse pas de croire , continua-t-il, qu'il est d'une beauté ravissante. L'aveugle parut alors changer de voix et de visage; et prenant un ton d'autorité: —Mon exemple, dit-il, doit vous apprendre qu'il y a des choses très-excellentes et très-admirables qui échappent à notre vue, et qui n'en sont ni moins vraies ni moins désirables, quoiqu'on ne les puisse ni comprendre ni imaginer. »

C'est en effet, ajoute l'orateur, qu'il manque un sens aux incrédules comme à l'aveugle, et ce sens, c'est Dieu qui le donne.

CHAPITRE VII.

LETTRE.

149. Une *lettre* est une *communication par écrit* entre des personnes éloignées les unes des autres. Elle a pour objet *le récit d'un fait public ou privé*, une *aventure*, un *badinage*; *l'expression d'une opinion ou d'un sentiment*, une *recommandation*, un *compliment*, un *éloge*, une *plainte*, un *reproche*, un *conseil, les détails de la vie privée* ou *plusieurs de ces choses à la fois*, etc. Ainsi elle ressemble à la *narration* ou au *discours* et elle en suit les règles; ou bien *sa physionomie multiple, fugitive*, est *celle de la conversation*, et alors, n'ayant pas de lois positives, elle obéit aux mouvements spontanés du cœur et de l'esprit, modérés seulement par un fond de raison. Si dans la vie, quel que soit l'objet de nos relations, il faut fuir tout déguisement et toute affectation, comme aussi toute négligence choquante; suivre notre caractère, sans nous laisser emporter par la passion; observer les convenances sociales en nous respectant nous-mêmes, et, avec tout cela, montrer cet air d'abandon et de franchise qui gagne les cœurs en inspirant la confiance; à plus forte raison la prudence veut-elle qu'il en soit ainsi dans un écrit qui reste pour ou contre nous.

Le style épistolaire peut prendre tous les *tons*, selon les *circonstances*; cependant, en général, il doit être *simple, familier, vif* et *rapide*. Montrons-y de la *gaieté* et de l'*esprit*, si l'esprit ou la gaieté nous viennent naturellement.

LETTRES DIVERSES.

FAIT PUBLIC.

MORT DE M. DE TURENNE.

Madame de Sévigné à madame de Grignan.

150. Madame de Sévigné avait dit dans une lettre précédente à la date du 9 août 1675 : « Parlons un peu de M. de Turenne ; il y a longtemps que nous n'en avons pas parlé ! N'admirez-vous point que nous nous trouvions heureux d'avoir passé le Rhin, et que ce qui aurait été un dégoût, s'il était au monde, nous paraisse une prospérité parce que nous ne l'avons plus ? Voyez ce que fait la perte d'un seul homme. Écoutez, je vous prie, une chose qui est à mon sens fort belle : il me semble que je lis l'histoire romaine. Saint-Hilaire, lieutenant général de l'artillerie, fit donc arrêter M. de Turenne qui avait toujours galopé pour lui faire voir une batterie ; c'était comme s'il eût dit : —Monsieur, arrêtez-vous un peu, car c'est ici que vous devez être tué. — Le coup de canon vient donc et emporte le bras de Saint-Hilaire qui montrait cette batterie et tue M. de Turenne : le fils de Saint-Hilaire se jette à son père et se met à crier et à pleurer : *Taisez-vous, mon enfant,* lui dit-il ; *voyez*, en lui montrant M. de Turenne roide mort, *voilà ce qu'il faut pleurer éternellement,* voilà ce qui est irréparable. Et, sans faire nulle attention sur lui, se met à crier et à pleurer cette grande perte. Le duc de Villeroi ne se peut consoler de M. de Turenne ; il écrit que la fortune ne peut plus lui faire de mal, après lui avoir fait celui de lui ôter le plaisir d'être aimé et estimé d'un tel homme ; il venait de rhabiller à ses dépens tout un régiment anglais et l'on n'a trouvé que neuf cents francs dans sa cassette. Son corps est porté à Turenne ; plusieurs de ses gens et même de ses amis l'ont suivi, etc. »

Plus tard elle écrivait, à la date du 28 août 1675[1] :

« Si l'on pouvait écrire tous les jours, je m'en accommoderais fort bien ; je trouve même quelquefois le moyen de le faire quoique mes lettres ne partent pas, mais le plaisir d'écrire est uniquement pour vous ; car, à tout le reste du monde on voudrait avoir écrit, et c'est parce qu'on le doit. Vraiment, ma fille, je m'en vais bien encore vous parler de M. de Turenne. Madame d'Elbeuf, qui demeure depuis quelques jours chez le cardinal de Bouillon, me pria hier de dîner avec eux deux pour parler de leur affliction. Madame de La Fayette y vint ; nous fîmes bien précisément ce que nous avions résolu ; les yeux ne nous séchèrent pas. Madame d'Elbeuf avait un portrait divinement bien fait de ce héros, dont tout le train était arrivé à onze heures : tous ces pauvres gens étaient en larmes, et déjà tout habillés de deuil ; il vint trois gentilshommes qui pensèrent mourir en voyant ce portrait ; c'étaient des cris qui faisaient fendre le cœur ; ils ne pouvaient prononcer une parole : ses valets de chambre, ses laquais, ses pages, ses trompettes, tout était fondu en larmes, et faisait fondre les autres. Le premier qui fut en état de parler répondit à nos tristes questions : nous nous fîmes raconter sa mort. Il vou-

---

[1] Nous citons ce qui précède le fait en question pour donner à la lettre son propre cachet.

lait se confesser et en se cachotant il avait donné ses ordres pour le soir, et devait communier le lendemain dimanche, qui était le jour qu'il croyait donner à la bataille.

« Il monta à cheval le samedi à deux heures, après avoir mangé : et comme il avait bien des gens avec lui, il les laissa tous à trente pas de la hauteur où il voulait aller, et dit au petit d'Elbeuf : « Mon neveu, demeurez là ; vous ne faites que tourner autour de moi, vous me feriez reconnaître. » M. d'Hamilton, qui se trouva près de l'endroit où il allait, lui dit : « Monsieur, venez par ici ; on tire du côté où vous allez. — Monsieur, lui dit-il, vous avez raison ; je ne veux point du tout être tué aujourd'hui ; cela sera le mieux du monde. » Il eut à peine tourné son cheval, qu'il aperçut Saint-Hilaire, le chapeau à la main, qui lui dit : « Monsieur, jetez les yeux sur cette batterie que je viens de faire placer là. » M. de Turenne revint ; et dans l'instant, sans être arrêté, il eut le bras et le corps fracassé du même coup qui emporta le bras et la main qui tenaient le chapeau de Saint-Hilaire. Ce gentilhomme, qui le regardait toujours, ne le voit point tomber ; le cheval l'emporte où il avait laissé le petit d'Elbeuf ; il n'était point encore tombé ; mais il était penché, le nez sur l'arçon : dans ce moment, le cheval s'arrête ; le héros tombe entre les bras de ses gens ; il ouvre deux fois deux grands yeux et la bouche, et demeure tranquille pour jamais : songez qu'il était mort et qu'il avait une partie du cœur emportée. On crie, on pleure ; M. d'Hamilton fait cesser le bruit et ôter le petit d'Elbeuf, qui s'était jeté sur le corps, qui ne voulait pas le quitter, et se pâmait de crier. On

couvre le corps d'un manteau, on le porte dans une
haie; on le garde à petit bruit; un carrosse vient, on
l'emporte dans sa tente : ce fut là où M. de Lorges,
M. de Roye et beaucoup d'autres, pensèrent mourir
de douleur; mais il fallut se faire violence et songer
aux grandes affaires qu'on avait sur les bras. On lui
a fait un service militaire dans le camp, où les larmes
et les cris faisaient le véritable deuil : tous les officiers avaient pourtant des écharpes de crêpes ; tous
les tambours en étaient couverts; ils ne battaient
qu'un coup; les piques traînantes et les mousquets
renversés ; mais ces cris de toute une armée ne se peuvent pas représenter, sans que l'on en soit tout ému.
Ses deux neveux étaient à cette pompe, dans l'état
que vous pouvez penser. M. de Roye tout blessé s'y
fit porter; car cette messe ne fut dite que quand ils
eurent repassé le Rhin. Je pense que le pauvre chevalier de Grignan était bien abîmé de douleur. Quand
ce corps a quitté son armée, ç'a été encore une autre
désolation; et partout où il a passé on n'entendait
que des clameurs ; mais à Langres ils se sont surpas-
sés; ils allèrent au-devant de lui en habits de deuil,
au nombre de plus de deux cents, suivis du peuple ;
tout le clergé en cérémonie; il y eut un service solennel dans la ville, et en un moment ils se cotisèrent
tous pour cette dépense, qui monta à cinq mille
francs, parce qu'ils reconduisirent le corps jusqu'à la
première ville, et voulurent défrayer tout le train.
Que dites-vous de ces marques naturelles d'une affection fondée sur un mérite extraordinaire? Il arrive à
Saint-Denis ce soir ou demain; tous ses gens l'allaient
reprendre à deux lieues d'ici; il sera dans une cha-

pelle en dépôt, on lui fera un service à Saint-Denis, en attendant celui de Notre-Dame, qui sera solennel. Voilà quel fut le divertissement que nous eûmes. Nous dinâmes comme vous pouvez penser, et jusqu'à quatre heures nous ne fîmes que soupirer. Le cardinal de Bouillon parla de vous , et répondit que vous n'auriez point évité cette triste partie si vous aviez été ici : je l'assurai fort de votre douleur; il vous fera réponse et à M. de Grignan ; il me pria de vous faire mille amitiés , et la bonne d'Elbeuf, qui perd tout, aussi bien que son fils ! Voilà une belle chose de m'être embarquée à vous conter ce que vous saviez déjà, mais ces originaux m'ont frappée, et j'ai été bien aise de vous faire voir que voilà comme on oublie M. de Turenne en ce pays-ci. Adieu , ma chère enfant , je vous embrasse avec une tendresse qui ne peut se représenter. »

Les lettres de Mme de Sévigné sont de toutes les heures : à la ville, à la campagne, en voyage, on lit Mme de Sévigné. N'est-ce pas un livre précieux que celui qui vous amuse, vous intéresse et vous instruit presque sans vous demander d'attention ? C'est l'entretien d'une femme très-aimable, dans lequel on n'est point obligé de mettre du sien; ce qui est un grand attrait pour les esprits paresseux. C'est un mélange heureux de naturel , de sensibilité et de goût: c'est une manière de narrer qui lui est propre. Rien n'est égal à la vivacité de ses tournures et au bonheur de ses expressions. Elle est toujours affectée de ce qu'elle dit et de ce qu'elle raconte ; elle peint comme si elle voyait, et l'on croit voir ce qu'elle peint. Une imagination active et mobile, comme l'est ordinairement celle des femmes, l'attache successivement à tous les objets : dès qu'elle s'en occupe, ils prennent un grand pouvoir sur elle. Voyez dans ses lettres la mort de Turenne : personne ne l'a pleuré de si bonne foi; mais aussi personne ne l'a tant fait pleurer. C'est la plus attendrissante des oraisons funèbres de ce grand homme; mais ce n'est pas seulement, il faut l'avouer, parce que tout est vrai et senti, c'est qu'on ne se méfie pas d'une lettre comme d'un panégyrique..... Mme de Sévigné probablement n'aurait pas fait le beau discours de Fléchier; et si elle produit plus d'impression, c'est qu'elle s'entretient familièrement avec nous, qu'elle n'a point de mission à remplir, que son âme parle à la nôtre sans annoncer le dessein de lui parler, et qu'elle nous communique tout ce qu'elle sent (La Harpe).

FAIT PUBLIC.

PASSAGE DE L'YSSEL.

Madame de Sévigné à madame de Grignan.

151. « Je viens d'apprendre, ma fille, une triste nouvelle dont je ne vous dirai pas le détail parce que je ne le sais pas; mais je sais qu'au passage de l'Yssel, sous les ordres de M. le Prince, M. de Longueville a été tué; cette nouvelle accable. J'étais chez Mme de La Fayette quand on vint l'apprendre à M. de La Rochefoucault, avec la blessure de M. de Marsillac et la mort du chevalier de Marsillac : cette grêle est tombée sur lui en ma présence. Il a été très-vivement affligé, ses larmes ont coulé du fond du cœur, et sa fermeté l'a empêché d'éclater. Après ces nouvelles, je ne me suis pas donné la patience de rien demander ; j'ai couru chez M. de Pomponne, qui m'a fait souvenir que mon fils est dans l'armée du roi, laquelle n'a eu nulle part à cette expédition ; elle était réservée à M. le Prince ; on dit qu'il est blessé ; on dit qu'il a passé la rivière dans un petit bateau ; on dit que Nogent a été noyé ; on dit que Guitry est tué ; on dit que M. de Roquelaure et M. de La Feuillade sont blessés, qu'il y en a eu une infinité qui ont péri en cette rude occasion. Quand je saurai le détail de cette nouvelle, je vous la manderai. Voilà Guitaut qui m'envoie un gentilhomme qui vient de l'hôtel de Condé ; il me dit que M. le Prince a été blessé à la main. M. de Longueville avait forcé la barrière, où il s'était présenté le premier ; il a été aussi le premier tué sur-le-champ ; tout le reste est assez pareil : M. de Guitry noyé, et M. de Nogent aussi ; M. de Marsillac blessé, comme j'ai dit, et une grande quantité d'autres qu'on ne sait pas encore. Mais enfin l'Yssel est passé. M. le Prince l'a passé trois ou quatre fois en bateau, tout paisiblement, donnant ses ordres partout avec ce sang-froid et cette valeur divine qu'on lui connaît. On assure qu'après cette première difficulté on ne trouve plus d'ennemis : ils se sont retirés dans leurs places. La blessure de M. de Marsillac est un coup de mousquet dans l'épaule, et un autre dans la mâchoire, sans casser l'os. Adieu, ma chère enfant, j'ai l'esprit un peu hors de sa place, quoique mon fils soit dans l'armée du roi ; mais il aura tant d'autres occasions que cela fait trembler et mourir. »

C'est bien là le ton naturel de la conversation.

Nulle ambition de style, et pourtant comme il est

souvent expressif! « Cette grêle est tombée sur lui en ma présence; il a été très-vivement affligé; ses larmes ont coulé du fond du cœur, et sa fermeté l'a empêché d'éclater; » et plus loin, « donnant ses ordres partout avec ce sang-froid et cette valeur divine qu'on lui connaît » et enfin « on ne retrouve plus d'ennemis, ils se sont retirés dans leurs places, » etc., etc.

FAIT PRIVÉ.

MORT DE VATEL.

A Madame de Grignan,

Paris, dimanche 26 avril 1671.

132. « Il est dimanche 26 avril ; cette lettre ne partira que mercredi ; mais ce n'est pas une lettre, c'est une relation que Moreuil vient de me faire, à votre intention, de ce qui s'est passé à Chantilly, touchant Vatel. Je vous écrivis vendredi qu'il s'était poignardé, voici l'affaire en détail :

« Le roi arriva jeudi au soir ; la promenade, la collation dans un lieu tapissé de jonquilles, tout cela fut à souhait. On soupa ; il y eut quelques tables où le rôti manqua, à cause de plusieurs dîners auxquels on ne s'était pas attendu. Cela saisit Vatel ; il dit plusieurs fois : « Je suis perdu d'honneur; voici une affaire que je ne supporterai pas. » Il dit à Gourville : « La tête me tourne; il y a douze nuits que je n'ai dormi; aidez-moi à donner des ordres. » Gourville le soulagea en ce qu'il put. Le rôti qui avait manqué, non pas à la table du roi, mais aux vingt-cinquièmes, lui revenait toujours à l'esprit. Gourville le dit à M. le Prince. M. le Prince alla jusque dans la chambre de Vatel, et lui dit :

« Vatel, tout va bien ; rien n'était plus beau que le souper du roi. » Il répondit : « Monseigneur, votre bonté m'achève ; je sais que le rôti a manqué à deux tables. » — Point du tout, dit M. le Prince ; ne vous fâchez point, tout va bien. » Minuit vint : le feu d'artifice ne réussit pas ; il fut couvert d'un nuage ; il coûtait seize mille francs. A quatre heures du matin, Vatel s'en va partout ; il trouve tout endormi. Il rencontre un pourvoyeur qui lui apportait seulement deux charges de marée. Il lui demande : « Est-ce là tout ? — Oui, monsieur. » Il ne savait pas que Vatel avait envoyé à tous les ports de mer. Vatel attend quelque temps ; les autres pourvoyeurs ne vinrent point. Sa tête s'échauffait, il crut qu'il n'y aurait point d'autre marée. Il trouva Gourville, il lui dit « Monsieur, je ne survivrai point à cette affront-ci. » Gourville se moqua de lui. Vatel monte à sa chambre, met son épée contre la porte et se la passe au travers du cœur ; mais ce ne fut qu'au troisième coup, car il s'en donna deux qui n'étaient pas mortels, il tomba mort. La marée cependant arrive de tous côtés ; on cherche Vatel pour la distribuer ; on va à sa chambre, on heurte, on enfonce la porte, on le trouve noyé dans son sang. On court à M. le Prince qui fut au désespoir. M. le Duc pleura ; c'était sur Vatel que tournait tout son voyage de Bourgogne. M. le Prince le dit au roi fort tristement. On dit que c'était à force d'avoir de l'honneur à sa manière. On le loua fort, on loua et blâma son courage. Le roi dit qu'il y avait cinq ans qu'il retardait de venir à Chantilly, parce qu'il comprenait l'excès de cet embarras. Il dit à M. le Prince qu'il ne devait avoir que deux tables, et ne point se charger de tout ; il jura qu'il ne souffrirait plus que M. le Prince en usât ainsi ; mais c'était trop tard pour le pauvre Vatel. Cependant Gourville tâcha de réparer, etc., etc. »

Toujours même facilité, même naturel, même sensibilité.

AVENTURE DANS LES MONTAGNES DU PIÉMONT ET DE GÊNES.

Voiture à mademoiselle de Rambouillet.

Mademoiselle,

153. « Je voudrais que vous m'eussiez pu voir aujourd'hui dans un miroir, en l'état où j'étais. Vous m'eussiez vu dans les plus effroyables montagnes du monde, au milieu de douze ou quinze hommes les plus horribles qu'on puisse voir, dont le plus innocent en a tué quinze ou vingt autres, qui sont tous noirs comme des diables, et qui ont des cheveux qui leur viennent jusqu'à la moitié du corps ; chacun a deux ou trois balafres sur le visage, et deux pistolets et deux poignards à la ceinture ; ce sont les bandits qui vivent dans les montagnes des confins du Piémont et de Gênes. Vous eussiez eu peur sans doute, mademoiselle, de me voir entre ces messieurs-là, et vous eussiez cru qu'ils m'allaient couper la gorge. De peur d'en être volé, je m'en étais fait escorter ; j'avais écrit, dès le soir, à leur capitaine, de me venir accompagner, et se trouver en mon chemin, ce qu'il a fait, et j'en ai été quitte pour trois pistoles. Mais surtout je voudrais que vous eussiez vu la mine de mon neveu et de mon valet, qui croyaient que je les avais menés à la boucherie.

« Au sortir de leurs mains, je suis passé par des lieux

où il y avait garnison espagnole, et là, sans doute, j'ai couru plus de dangers. On m'a interrogé : j'ai dit que j'étais Savoyard ; et, pour passer pour cela, j'ai parlé, le plus qu'il m'a été possible, comme M. de Vaugelas ; sur mon mauvais accent, ils m'ont laissé passer. Regardez si je ferai jamais de beaux discours, qui me valent tant, et, s'il n'eût pas été bien mal à propos qu'en cette occasion, sous ombre que je suis à l'Académie, je me fusse piqué de parler bon français. Au sortir de là, je suis arrivé à Savone, où j'ai trouvé la mer un peu plus émue qu'il ne fallait pour le petit vaisseau que j'avais pris ; et néanmoins, je suis, Dieu merci, arrivé ici à bon port.

« Voyez, mademoiselle, combien de périls j'ai couru dans un jour. Enfin, je suis échappé des bandits, des Espagnols, et de la mer. »

On pourrait reprocher à un académicien toutes ces répétitions. *Que vous m'eussiez pu voir — vous m'eussiez vu — qu'on puisse voir — de me voir entre ces messieurs — que vous eussiez vu la mine*; mais la Lettre n'y regarde pas de si près ; et elle n'en est que plus naturelle.

AVENTURE DE L'ARCHEVÊQUE DE REIMS.

(Extrait d'une lettre de madame de Sévigné à madame de Grignan.)

Paris, lundi 5 février 1674.

154. L'Archevêque de Reims revenait hier fort vite de Saint-Germain, c'était comme un tourbillon : il croit être grand seigneur, mais ses gens le croyent encore plus que lui. Il passait au travers de Nanterre, trà, trà, trà ; ils rencontrent un homme à cheval : gare ! gare ! ce pauvre homme veut se ranger, son cheval ne le veut pas ; et enfin le carrosse et les six chevaux renversent cul par-dessus tête le pauvre homme et le cheval, et passent par-dessus, et si bien par-dessus, que le carrosse en fut versé et renversé. En même temps l'homme et le cheval, au lieu de s'amuser à être roués et estropiés, se relèvent miraculeusement, remontent l'un sur l'autre, et s'enfuient et courent encore, pendant que les laquais de l'archevêque et le cocher, et l'archevêque même, se mettent à crier : *arrête, arrête ce coquin ! qu'on lui donne cent coups de bâton !* l'archevêque, en racontant ceci, disait : Si j'avais tenu ce maraud-là, je lui aurais rompu les bras et coupé les oreilles !

Je dînai, hier encore, chez Gourville avec . . .

Quelle rapidité ! Quel entrain ! quel style naturel et expressif ! c'est un laisser-aller charmant, étourdissant, un vrai chef-d'œuvre.

UN BADINAGE.

Madame de Sévigné à M. de Coulange.

A Paris, lundi 15 décembre 1670.

155. « Je m'en vais vous mander la chose la plus étonnante, la plus surprenante, la plus merveilleuse, la plus miraculeuse, la plus triomphante, la plus étourdissante, la plus inouïe, la plus singulière, la plus extraordinaire, la plus incroyable, la plus imprévue, la plus grande, la plus petite, la plus rare, la plus commune, la plus éclatante, la plus secrète jusqu'à aujourd'hui, la plus brillante, la plus digne d'envie ; enfin une chose dont on ne trouve qu'un exemple dans les siècles passés , encore cet exemple n'est-il pas juste ; une chose que nous ne saurions croire à Paris, comment la pourrait-on croire à Lyon? Une chose qui fait crier miséricorde à tout le monde ; une chose qui comble de joie madame de Rohan et madame d'Auterive ; une chose enfin qui se fera dimanche, où ceux qui la verront croiront avoir la berlue, une chose qui se fera dimanche , et qui ne sera peut-être pas faite lundi. Je ne puis me résoudre à la dire, devinez-la, je vous le donne en trois ; jetez-vous votre langue aux chiens?

« Hé bien ! il faut donc vous la dire : M. de Lauzun épouse dimanche au Louvre, devinez qui? je vous le donne en quatre, je vous le donne en dix, je vous le donne en cent. Mme de Coulanges dit : Voilà qui est bien difficile à deviner ! c'est Mme de La Vallière. — Point du tout, Madame. — C'est donc mademoiselle de Retz? Point du tout : vous êtes bien provinciale !

« Ah ! vraiment, nous sommes bien bêtes, dites-vous : c'est Mademoiselle Colbert — encore moins. C'est assurément Mademoiselle de Créqui — vous n'y êtes pas. Il faut donc à la fin vous le dire : il épouse dimanche au Louvre, avec la permission du roi, Mademoiselle, Mademoiselle de... Mademoiselle... devinez le nom : il épouse MADEMOISELLE, ma foi ! par ma foi! ma foi jurée ! MADEMOISELLE, la grande MADEMOISELLE, MADEMOISELLE , fille de feu MONSIEUR , MADEMOISELLE , petite-fille de Henri IV, Mademoiselle d'Eu , Mademoiselle de Dombes , Mademoiselle de Montpensier, Mademoiselle d'Orléans , MADEMOISELLE , cousine germaine du roi ; MADEMOISELLE, destinée au trône, MADEMOISELLE , le seul parti de France qui fût digne de MONSIEUR. Voilà un beau sujet de discourir. Si vous

criez, si vous êtes hors de vous-même, si vous dites
que nous avons menti, que cela est faux, qu'on se
moque de vous, que voilà une belle raillerie, que cela
est bien fadé à imaginer ; si enfin vous nous dites des
injures, nous trouverons que vous avez raison ; nous
en avons fait autant que vous. Adieu ; les lettres qui
seront portées par cet ordinaire vous feront voir si
nous disons vrai ou non. »

Quel esprit ! quel enjouement !

UNE OPINION ET QUELQUES DÉTAILS DE LA VIE.

Madame de Sévigné à madame de Grignan.

Aux Rochers, mercredi 7 octobre 1671.

456. «Vous savez que je suis toujours un peu entê-
tée de mes lectures. Ceux à qui je parle ont intérêt que
je lise de beaux livres. Celui que je lis présentement,
c'est la *Morale* de Nicole ; il y a un traité sur les
moyens d'entretenir la paix entre les hommes, qui me
ravit ; je n'ai jamais rien vu de plus utile, ni si plein
d'esprit et de lumière ; si vous ne l'avez pas lu, lisez-le,
et si vous l'avez lu, relisez-le avec une nouvelle attention : je crois que tout le monde s'y trouve ; pour
moi, je suis persuadée qu'il a été fait à mon intention ; j'espère aussi d'en profiter ; j'y ferai mes efforts.
Vous savez que je ne puis souffrir que les vieilles gens
disent : Je suis trop vieux pour me corriger ; je par-
donnerais plutôt aux jeunes gens de dire : Je suis
trop jeune. La jeunesse est si aimable qu'il faudrait
l'adorer si l'âme et l'esprit étaient aussi parfaits que le
corps ; mais quand on n'est plus jeune, c'est alors
qu'il faut se perfectionner et tâcher de regagner par

les bonnes qualités ce qu'on perd du côté des **agré-**
ments. Il y a longtemps que j'ai fait ces réflexions, et,
par cette raison, je veux tous les jours travailler à
mon esprit, à mon âme, à mon cœur, à mes sentiments. Voilà de quoi je suis pleine et de quoi je remplis cette lettre, n'ayant pas beaucoup d'autres sujets.

« Je vous crois à Lambesc, mais je ne vous vois pas
bien d'ici ; il y a des ombres dans mon imagination
qui vous couvrent à ma vue. Je m'étais fait le château
de Grignan ; je voyais votre appartement ; je me pro-
menais sur votre terrasse, j'allais à la messe dans votre
belle église, mais je ne sais plus où j'en suis : j'at-
tends avec impatience des nouvelles de ce lieu-là et
des manières de l'évêque.

« Il y avait dans mon dernier paquet une lettre qui
me donnait beaucoup d'espérance. Quoique vous ayez
été deux ordinaires sans m'écrire, j'espère, etc. »

On ne sait qu'admirer le plus ici du style ou du bon
sens.

SENTIMENT.

Madame de Sévigné à madame de Grignan.

A Montélimar, jeudi 5 octobre 1673.

157. « Voici un terrible jour, ma chère enfant,
je vous avoue que je n'en puis plus. Je vous ai quittée
dans un état qui augmente ma douleur. Je songe à tous
les pas que vous faites et à tous ceux que je fais, et
combien il s'en faut qu'en marchant toujours de cette
sorte nous puissions jamais nous rencontrer. Mon cœur
est en repos. Quand il est auprès de vous, c'est son
état naturel et le seul qui peut lui plaire. Ce qui s'est

passé ce matin me donne une douleur sensible, et me fait un déchirement dont votre philosophie sait les raisons ; je les ai senties et les sentirai longtemps. J'ai le cœur et l'imagination tout remplis de vous ; je n'y puis penser sans pleurer, et j'y pense toujours, de sorte que l'état où je suis n'est pas une chose soutenable : comme il est extrême, j'espère qu'il ne durera pas dans cette violence. Je vous cherche toujours, et je trouve que tout me manque parce que vous me manquez. Mes yeux, qui vous ont tant rencontrée depuis quatorze mois, ne vous trouvent plus ; le temps agréable qui est passé rend celui-ci douloureux, jusqu'à ce que j'y sois un peu accoutumée ; mais ce ne sera jamais assez pour ne pas souhaiter ardemment de vous revoir et de vous embrasser. Je ne dois pas espérer mieux de l'avenir que du passé ; je sais que votre absence m'a fait souffrir ; je serai encore plus à plaindre, parce que je me suis fait imprudemment une habitude nécessaire de vous voir. Il me semble que je ne vous ai point assez embrassée en partant ; qu'avais-je à ménager ? Je ne vous ai point assez dit combien je suis contente de votre tendresse ; je ne vous ai point assez recommandée à M. de Grignan ; je ne l'ai point assez remercié de toutes ses politesses et de toute l'amitié qu'il a pour moi ; j'en attendrai les effets sur tous les chapitres : il y en a où il a plus d'intérêt que moi, quoique j'en sois plus touchée que lui. Je suis déjà dévorée de curiosité, je n'espère de consolation que de vos lettres, qui me feront encore bien soupirer. En un mot, ma fille, je ne vis que pour vous : Dieu me fasse la grâce de l'aimer quelque jour comme je vous aime ! Je songe aux Pichons ; je suis toute pétrie des Grignans ; je tiens partout. Jamais un voyage n'a été si triste que le nôtre ; nous ne disions pas un mot. Adieu, ma chère enfant, aimez-moi toujours. Hélas ! nous revoilà dans les lettres. Assurez M. l'archevêque de mon respect très-tendre et embrassez le coadjuteur ; je vous recommande à lui. Nous avons encore dîné à vos dépens. Voilà M. de Saint-Geniez qui vient me consoler. Ma fille, plaignez-moi de vous avoir quittée. »

On n'affecte pas ce ton-là ; madame de Sévigné ne pouvait puiser que dans son cœur cette prodigieuse abondance d'expressions qui ne pouvait se sauver de la monotonie qu'à force de vérité.   LA HARPE.

> Le faux est toujours fade, ennuyeux , languissant ;
> Mais la nature est vraie, et d'abord on la sent.
> (BOILEAU , cité par La Harpe.)

UNE RECOMMANDATION.

Le marquis de Feuquières à Louis XIV, en faveur de son fils.

158. « Après avoir mis devant les yeux de Dieu toute ma vie que je vais lui rendre, il ne me reste plus rien à faire avant de la quitter que de me jeter aux pieds de VOTRE MAJESTÉ. Si je croyais avoir plus de vingt-quatre heures à passer encore en ce monde, je n'oserais prendre la liberté que je prends. Je sais que j'ai déplu à VOTRE MAJESTÉ ; et, quoique je ne sache pas précisément en quoi, je ne m'en crois pas moins coupable.

« J'espère, Sire, que Dieu me pardonnera mes péchés, parce que j'en ressens en moi un repentir bien sincère. Vous êtes l'image de Dieu, et j'ose vous supplier de pardonner, au moins à mon fils, des fautes que je voudrais avoir expiées de mon sang. Ce sont celles, Sire, qui ont donné à VOTRE MAJESTÉ de l'éloignement pour moi, et qui sont cause que je meurs dans mon lit au lieu d'employer à votre service les derniers moments de ma vie et la dernière goutte de mon sang, comme je l'ai toujours souhaité.

« Sire, au nom de ce roi des rois devant qui je vais paraître, daignez jeter des yeux de compassion sur un fils unique que je laisse dans ce monde sans appui, sans bien : il est innocent de mes malheurs, il est d'un sang qui a toujours bien servi VOTRE MAJESTÉ. Je prends confiance en la bonté de votre cœur, et, après vous avoir encore une fois demandé pardon, je vais me remettre entre les mains de Dieu, à qui je demande pour VOTRE MAJESTÉ toutes les prospérités que méritent vos vertus. »

Cette lettre pathétique est un modèle de noble confiance et de sollicitude paternelle. On ne peut écrire ainsi sans une belle âme et sans avoir le bonheur d'en supposer aux autres une semblable.

UNE RECOMMANDATION.

A madame la marquise du Deffand.

Le.......

159. «Vous m'avez proposé, madame, d'acheter une charge d'écuyer chez madame la duchesse du Maine, et ne me sentant pas assez dispos pour cet emploi, j'ai été obligé d'attendre d'autres occasions de vous faire ma cour. On dit qu'avec cette charge d'écuyer, il en vaque une de lecteur ; je suis sûr que ce n'est pas un bénéfice simple chez madame du Maine comme chez le roi. Je voudrais de tout mon cœur prendre pour moi cet emploi ; mais j'ai en main une personne qui, avec plus d'esprit, de jeunesse et de poitrine, s'en acquittera mieux que moi.

« Voici, madame, une occasion de montrer la bonté de votre cœur et de votre crédit. La personne dont je vous parle est un jeune homme nommé M. l'abbé Linant, à qui il ne manque rien du tout que la fortune. Il a auprès de vous une recommandation bien puissante ; il est ami de M. de Formont, qui va bientôt obtenir cette grâce de vous ; et je vous en remercierai comme si c'était à moi seul que vous l'eussiez faite. En vérité, si vous placez ce jeune homme, vous ferez une action charmante ; vous encouragerez un talent bien décidé qu'il a pour les vers, vous vous attacherez pour le reste de votre vie quelqu'un d'aimable qui vous devra tout, vous aurez le plaisir d'avoir tiré le mérite de la misère et de l'avoir mis dans la meilleure école du monde. Au nom de Dieu, réussissez dans cette affaire pour votre plaisir, pour votre honneur, pour celui de madame du Maine et pour l'amour de M. de Formont qui vous en prie par moi.

« Adieu, madame ; je vous suis attaché comme l'abbé Linant vous le sera, avec le plus respectueux et le plus tendre dévouement. »   VOLTAIRE.

A partir de ces mots : *Voici, madame, une occasion,* etc., jusqu'à : *Adieu, madame ; je vous suis attaché,* on peut remarquer, au ton près qui convient si bien au style épistolaire, combien une lettre peut ressembler non-seulement à une narration, mais même à un discours. Récit, confirmation, péroraison, rien n'y manque ; et l'on peut en dire autant de la lettre précédente, non que ce soit l'effet du calcul, mais c'est que la nature et l'art s'y touchent de si près que les yeux du connaisseur s'y méprennent.

UN COMPLIMENT.

Le duc de Montausier au Dauphin, sur la prise de Philipsbourg.

Monseigneur,

160. « Je ne vous fais pas de compliment sur la prise de Philipsbourg ; vous aviez une bonne armée, une excellente artillerie et Vauban. Je ne vous en fais pas non plus sur les preuves que vous avez données de bravoure et d'intrépidité : ce sont des vertus héréditaires dans votre maison ; mais je me réjouis avec vous de ce que vous êtes libéral, généreux, humain, faisant valoir les services d'autrui et oubliant les vôtres : c'est sur quoi je vous fais mon compliment. »

Tour ingénieux, qui rend hommage à la vérité sans blesser les convenances ni l'amour-propre.

UN REPROCHE.

Madame de Maintenon à sa nièce.

161. « Je vous aime trop, ma chère nièce, pour ne pas vous dire vos vérités ; je les dis bien aux demoiselles de Saint-Cyr, et comment vous négligerais-je, vous que je regarde comme ma propre fille ? Je ne sais si c'est vous qui leur inspirez la fierté qu'elles ont, ou si ce sont elles qui vous donnent celle que l'on admire en vous. Quoi qu'il en soit, vous serez insupportable si vous ne devenez humble. Le ton d'autorité que vous prenez ne convient point.

« Vous croyez-vous un personnage important parce
que vous êtes nourrie dans une maison où le roi va
tous les jours? Le lendemain de sa mort, ni son suc-
cesseur, ni tout ce qui vous caresse, ne vous regardera,
ni vous, ni Saint-Cyr. Si le roi meurt avant que vous
soyez mariée, vous épouserez un gentilhomme de province avec peu de bien et beaucoup d'orgueil. Si, pendant ma vie, vous épousez un seigneur, il ne vous es-
timera, quand je ne serai plus, qu'autant que vous lui
plairez, et vous ne lui plairez que par la douceur, et
vous n'en avez point. Je ne suis point prévenue contre
vous ; mais je vois en vous un orgueil effroyable. Vous
savez l'Évangile par cœur : eh! qu'importe, si vous ne
vous conduisez point par ses maximes !

« Songez que c'est uniquement la fortune de votre
tante qui a fait celle de votre père et qui fera la vôtre,
et moquez-vous des respects qu'on vous rend. Vous
voudriez vous élever même au-dessus de moi : ne vous
flattez point ; je suis très-peu de chose et vous n'êtes
rien.

« Je vous parle comme à une grande fille, parce
que vous en avez l'esprit. Je consentirais de bon cœur
que vous en eussiez moins, pourvu que vous perdissiez
cette présomption ridicule devant les hommes et cri-
minelle devant Dieu. Que je vous trouve, à mon retour, modeste, douce, timide, docile, je vous en ai-
merai davantage. Vous voyez quelle peine j'ai à vous
gronder, et quel plaisir j'ai à vous en faire. »

Mêmes observations que sur la lettre **159**.

UNE PLAINTE.

Anne de Boulen au roi Henri VIII, son mari.

Sire,

164. « Le mécontentement de Votre Grandeur et mon emprisonnement me paraissent des choses si étranges que je ne sais ce que je dois écrire, ni sur quoi je dois m'excuser. Vous m'avez envoyé dire par un homme, que vous savez être mon ennemi déclaré depuis long-temps, que pour obtenir votre faveur, je dois reconnaître une certaine vérité. Il n'eut pas plutôt fait son message que je m'aperçus de votre dessein. Mais si, comme vous le dites, l'aveu d'une vérité peut me procurer ma délivrance, j'obéirai à vos ordres de tout mon cœur et avec une entière soumission. Que Votre Grandeur ne s'imagine pas que votre pauvre femme puisse jamais être amenée à reconnaître une faute dont la seule pensée ne lui est pas venue dans l'esprit. Jamais prince n'a eu une femme plus fidèle à tous ses devoirs, plus remplie d'une tendresse sincère que celle que vous avez trouvée en la personne d'Anne de Boulen, qui aurait pu se contenter de son nom et de son état, s'il avait plu à Dieu et à Votre Grandeur de l'y laisser. Mais, au milieu de mon élévation et de la royauté où vous m'avez admise, je ne me suis jamais oubliée au point de ne pas craindre quelque réveil pareil à celui qui m'arrive aujourd'hui. Comme cette élévation n'avait pas un fondement plus solide que le goût passager que vous avez eu pour moi, je ne doutais pas que la moindre altération dans les traits qui l'ont fait naître ne fût capable de vous faire tourner vers quelque autre objet.

« Vous m'avez tirée d'un rang inférieur pour m'élever à la royauté et à l'auguste rang de votre compagne ; cette grandeur était fort au-dessus de mon mérite, ainsi que de mes droits. Cependant, si vous m'avez crue digne de cet honneur, ne souffrez pas, grand Prince, qu'une inconstance injuste, ou que les mauvais conseils de mes ennemis me privent de votre faveur royale. Ne permettez pas qu'une tache aussi noire et aussi indigne que celle de vous avoir été infidèle ternisse la réputation de votre femme, et celle de la jeune princesse votre fille.

« Ordonnez donc, ô mon roi, que l'on instruise mon procès, mais qu'on y observe les lois de la justice, et ne permettez pas que mes ennemis jurés soient mes accusateurs et mes juges. Ordonnez même que mon procès me soit fait en public : ma fidélité ne craint point d'être flétrie par la honte. Vous verrez mon innocence justifiée, vos soupçons levés, votre esprit satisfait et la calomnie réduite au silence ; ou mon crime paraîtra aux yeux de tout le monde. Ainsi, quoi qu'il plaise à Dieu ou à vous d'ordonner de moi, Votre Grandeur peut se garantir de la censure publique et mon crime étant prouvé en justice, vous serez en liberté devant Dieu et devant les hommes, non-seulement de me punir comme une épouse infidèle, mais encore de suivre l'inclination que vous avez fixée sur cette personne qui est la cause du malheureux état où je me vois réduite, et que j'aurais pu vous nommer il y a longtemps, puisque Votre Grandeur n'ignorait pas jusqu'où allaient mes soupçons à cet égard.

« Enfin, si vous avez résolu de me perdre, et que ma mort, fondée sur une infâme calomnie, vous doive mettre en possession du bonheur que vous souhaitez, je prie Dieu qu'il veuille vous pardonner ce grand crime, aussi bien qu'à mes ennemis qui en sont les instruments, et qu'assis au dernier jour sur son trône devant lequel vous et moi comparaîtrons bientôt, et où mon innocence, quoi qu'on puisse dire, sera ouvertement reconnue, je le prie, dis-je, qu'alors il ne vous fasse pas rendre un compte rigoureux du traitement cruel et indigne que vous m'avez fait.

« La dernière et la seule chose que je vous demande est que je sois seule à porter le poids de votre indignation, et que ces pauvres innocents gentilshommes qui, m'a-t-on dit, sont retenus, à cause de moi, dans une étroite prison, n'en reçoivent aucun mal. Si jamais j'ai trouvé grâce devant vous, si jamais le nom d'Anne de Boulen a été agréable à vos oreilles, ne me refusez pas cette demande et je ne vous importunerai plus sur quoi que ce soit : au contraire, j'adresserai toujours mes ardentes prières à Dieu, afin qu'il lui plaise vous maintenir en sa bonne garde, et vous diriger en toutes vos actions.

« De ma triste prison à la Tour, le 6 mai.

« Votre très-fidèle et très-obéissante femme,

« ANNE DE BOULEN. »

Cette lettre a tous les caractères du discours ; c'est un modèle de douce éloquence, digne d'être comparé à la touchante allocution que la mère de Chrysostôme fait à son fils, et que nous avons citée plus haut.

UN CONSEIL.

J. J. Rousseau à un jeune homme qui demandait à s'établir à Montmorency, pour profiter de ses leçons.

165. « Vous ignorez, monsieur, que vous écrivez à un pauvre homme accablé de maux, et, de plus, fort occupé, qui n'est guère en état de vous répondre, et qui le serait encore moins d'établir avec vous la société que vous lui proposez. Vous m'honorez en pensant que je pourrais vous y être utile, et vous êtes louable du motif qui vous le fait désirer ; mais sur le motif même, je ne vois rien de moins nécessaire que de vous établir à Montmorency : vous n'avez pas besoin d'aller chercher si loin les principes de la morale. Rentrez dans votre cœur et vous les y trouverez ; et je ne pourrai rien vous dire à ce sujet, que ne vous dise encore mieux votre conscience, quand vous la voudrez consulter. La vertu, monsieur, n'est pas une science qui s'apprend avec tant d'appareil : pour être vertueux il suffit de vouloir l'être ; et si vous avez bien cette volonté, tout est fait ; votre bonheur est décidé.

« S'il m'appartenait de vous donner des conseils, le premier que je voudrais vous donner serait de ne point vous livrer à ce goût que vous dites avoir pour la vie contemplative, et qui n'est qu'une paresse de l'âme, condamnable à tout âge, et surtout au vôtre. L'homme n'est point fait pour méditer, mais pour agir ; la vie laborieuse que Dieu nous impose n'a rien que de doux au cœur de l'homme de bien qui s'y livre en vue de remplir son devoir ; et la vigueur de la jeunesse ne vous a pas été donnée pour la perdre à d'oisives contemplations.

« Travaillez donc, monsieur, dans l'état où vous ont placé vos parents et la Providence : voilà le premier précepte de la vertu que vous voulez suivre ; et si le séjour de Paris, joint à l'emploi que vous remplissez, vous paraît d'un trop difficile alliage avec elle, faites mieux, monsieur, retournez dans votre province ; allez vivre dans le sein de votre famille ; servez, soignez vos vertueux parents : c'est là que vous remplirez véritablement les soins que la vertu vous impose.

« Une vie dure est plus facile à supporter en province que la fortune à poursuivre à Paris, surtout quand on sait, comme vous ne l'ignorez pas, que les plus indignes manéges y font plus de fripons gueux que de parvenus. Vous ne devez point vous estimer malheureux de vivre comme fait monsieur votre père ; et il n'y a point de sort que le travail, la vigilance, l'innocence et le contentement de soi ne rendent supportable, quand on s'y soumet en vue de remplir son devoir.

« Voilà, monsieur, des conseils qui valent tous ceux que vous pourriez venir prendre à Montmorency : peut-être ne sont-ils pas de votre goût, et je crains que vous ne preniez pas le parti de les suivre ; mais je suis sûr que vous vous en repentirez un jour. Je vous souhaite un sort qui ne vous force jamais à vous en souvenir. »

Cette lettre est un chef-d'œuvre de raison et de style. On ne peut trop s'en pénétrer.

UN CONSEIL.

Voltaire à une jeune personne qui l'avait consulté sur les livres qu'elle devait lire.

164. « Je ne suis, mademoiselle, qu'un vieux malade, et il faut que mon état soit bien douloureux, puisque je n'ai pas répondu plus tôt à la lettre dont vous m'honorez, et que je ne vous envoie que de la prose pour vos jolis vers. Vous me demandez des conseils : il ne vous en faut point d'autre que votre goût. L'étude que vous avez faite de la langue italienne doit encore fortifier ce goût avec lequel vous êtes née, et que personne ne peut donner. Le Tasse et l'Arioste vous rendront plus de services que moi, et la lecture de nos meilleurs poëtes vaut mieux que toutes les leçons. Mais, puisque vous daignez me consulter, je vous invite à ne lire que les ouvrages qui sont depuis long-temps en possession des suffrages du public, et dont la réputation n'est point équivoque : il y en a peu, mais on profite bien davantage en les lisant qu'avec tous les mauvais petits livres dont nous sommes inondés. Les bons auteurs n'ont de l'esprit qu'autant qu'il en faut, ne le recherchent jamais, pensent avec bon sens et s'expriment avec clarté. Il semble qu'on n'écrive plus qu'en énigmes : rien n'est simple, tout est affecté ; on s'éloigne en tout de la nature ; on a le malheur de vouloir mieux faire que nos maîtres.

« Tenez-vous-en, mademoiselle, à tout ce qui plaît en eux. La moindre affectation est un vice. Les Italiens n'ont dégénéré, après le Tasse et l'Arioste, que parce qu'ils ont voulu avoir trop d'esprit ; et les Français sont dans le même cas. Voyez avec quel naturel madame de Sévigné et d'autres dames écrivent ; comparez ce style avec les phrases entortillées de nos petits romans ; je vous cite les héroïnes de votre sexe, parce que vous me paraissez faite pour leur ressembler. Il y a des pièces de madame Deshoulières qu'aucun auteur de nos jours ne pourrait égaler. Si vous voulez que je vous cite des hommes, voyez avec quelle clarté, quelle simplicité notre Racine s'exprime toujours. Chacun croit, en le lisant, qu'il dirait en prose tout ce que Racine a dit en vers ; croyez que tout ce qui ne sera pas aussi clair, aussi simple, aussi élégant, ne vaudra rien du tout.

« Vos réflexions, mademoiselle, vous en apprendront cent fois plus que je ne pourrais vous en dire. Vous verrez que nos bons écrivains, Fénelon, Bossuet, Racine, Despréaux, employaient toujours le mot propre. On s'accoutume à bien parler en lisant souvent ceux qui ont bien écrit ; on se fait une habitude d'exprimer simplement et noblement sa pensée. Ce n'est point une étude : il n'en coûte aucune peine de lire ce qui est bon, et de ne lire que cela. On n'a de maîtres que son plaisir et son goût.

« Pardonnez, mademoiselle, à ces longues réflexions ; ne les attribuez qu'à mon obéissance à vos ordres. »

(1756.)

Quel maître pourrait, en meilleur style, donner de meilleurs conseils ?

UN ÉLOGE.

Voltaire à milord Harvey, garde des sceaux d'Angleterre.

165. « Je fais compliment à votre nation, milord, sur la prise de Porto-Bello, et sur votre place de garde des sceaux. Vous voilà fixé en Angleterre ; c'est une raison pour moi d'y voyager encore. Ne jugez point, je vous prie, de mon essai sur le Siècle de Louis XIV, par les deux chapitres imprimés en Hollande avec tant de fautes qui rendent l'ouvrage inintelligible ; mais surtout soyez un peu moins fâché contre moi de ce que j'appelle le siècle dernier, le siècle de Louis XIV. Je sais bien que Louis XIV n'a pas eu l'honneur d'être le maître ni le bienfaiteur d'un Bayle, d'un Newton, d'un Halley, d'un Addisson, d'un Dryden : mais dans le siècle qu'on nomme de Léon X, le pape Léon X avait-il tout fait ? n'y avait-il pas d'autres princes qui contribuèrent à polir et à éclairer le genre humain ? Cependant le nom de Léon X a prévalu, parce qu'il encouragea les arts plus qu'un autre. Eh ! quel roi donc en cela a rendu plus de services à l'humanité que Louis XIV ? Quel roi a répandu plus de bienfaits, a marqué plus de goût, et s'est signalé par de plus beaux établissements ? Il n'a pas fait tout ce qu'il pouvait faire, sans doute, parce qu'il était homme, mais il a fait plus qu'aucun autre, parce qu'il était un grand homme : ma plus forte raison pour l'estimer beaucoup, c'est que, avec des fautes connues, il a plus de réputation qu'aucun de ses contemporains ; c'est que, malgré un million d'hommes dont il a privé la France, et qui tous ont été intéressés à le décrier, toute l'Europe l'estime, et le met au rang des plus grands et des meilleurs monarques.

« Nommez-moi donc, milord, un souverain qui ait attiré chez lui plus d'étrangers habiles, et qui ait plus encouragé le mérite dans ses sujets. Soixante savants de l'Europe reçurent à la fois des récompenses de lui, étonnés d'en être connus.

« Quoique le Roi ne soit pas votre souverain, leur écrivait M. Colbert, il veut être votre bienfaiteur; il m'a commandé de vous envoyer la lettre de change ci-jointe, comme un gage de son estime. » Un Bohémien, un Danois, recevaient de ces lettres datées de Versailles. Guillemini bâtit une maison à Florence des bienfaits de Louis XIV; il mit le nom de ce roi sur le frontispice; et vous ne voulez pas qu'il soit à la tête du siècle dont je parle!

« Ce qu'il a fait dans son royaume doit servir à jamais d'exemple. Il chargea de l'éducation de son fils et de son petit-fils les plus éloquents et les plus savants hommes d'Europe. Il eut l'attention de placer trois enfants de Pierre Corneille, deux dans les troupes, et l'autre dans l'Église. Il excita le mérite naissant de Racine par un présent considérable pour un jeune homme inconnu et sans bien, et, quand ce génie se fut perfectionné, ses talents, qui souvent sont l'exclusion de la fortune[1], firent la sienne. Il eut plus que de la fortune, il eut de la faveur, et quelquefois la familiarité d'un maître, dont un regard était un bienfait; il était, en 1688 et 1689, de ses voyages de Marly, tant brigués par les courtisans; il couchait dans la chambre du Roi pendant ses maladies, et lui lisait ces chefs

---

[1] Locution vicieuse, la proposition particulière ayant le même sujet que la proposition générale.

d'œuvre d'éloquence et de poésie qui décoraient ce beau règne.

« Louis XIV songeait à tout, il protégeait les académies et distinguait ceux qui se signalaient. Il ne prodiguait point sa faveur à un genre de mérite à l'exclusion des autres , comme tant de princes qui favorisent , non ce qui est bon, mais ce qui leur plaît : la physique et l'étude de l'antiquité attirèrent son attention. Elle ne se ralentit pas même dans les guerres qu'il soutenait contre l'Europe ; car en bâtissant trois cents citadelles, en faisant marcher quatre cent mille soldats, il faisait élever l'Observatoire , et tracer une méridienne d'un bout du royaume à l'autre, ouvrage unique dans le monde. Il faisait imprimer dans son palais les traductions des bons auteurs grecs et latins ; il envoyait des géomètres et des physiciens au fond de l'Afrique et de l'Amérique chercher de nouvelles connaissances. Songez, milord, que, sans le voyage et les expériences de ceux qu'il envoya à Cayenne en 1672, et sans les mesures de M. Picard, jamais Newton n'eût fait ses découvertes sur l'attraction. Regardez, je vous prie, un Cassini et un Huygens, qui renoncent tous deux à leur patrie, qu'ils honorent , pour venir en France jouir de l'estime et des bienfaits de Louis XIV.

« Et pensez-vous que les Anglais mêmes ne lui aient pas d'obligation ? Dites-moi, je vous prie, dans quelle cour Charles puisa tant de politesse et tant de goût. Les bons auteurs de Louis XIV n'ont-il pas été vos modèles ? N'est-ce pas d'eux que votre sage Addison, l'homme de votre nation qui avait le goût le plus sûr, a tiré souvent ses excellentes critiques ? L'évêque Burnet avoue que ce goût, acquis en France par les

courtisans de Charles II, réforma chez vous jusqu'à
la chaire, malgré la différence de nos religions. Tant
la saine raison a partout d'empire ! Dites-moi si les
bons livres de ce temps n'ont pas servi à l'éducation
de tous les princes de l'Europe? Dans quelle cour de
l'Allemagne n'a-t-on pas vu le théâtre français ?
Quelle nation ne suivait pas alors les modes de la
France !

« Vous m'apportez, milord, l'exemple du czar Pierre
le Grand, qui a fait naître les arts dans son pays, et
qui est le créateur d'une nation nouvelle. Vous me
dites cependant que son siècle ne sera pas appelé
dans l'Europe le siècle du czar Pierre. Vous en con-
cluez que je ne dois pas appeler le siècle passé, le
siècle de Louis XIV. Il me semble que la différence est
bien palpable : le czar Pierre s'est instruit chez les
autres peuples ; il a porté leurs arts chez lui : mais
Louis XIV a instruit les nations ; tout , jusqu'à ses
fautes, leur a été utile. Les protestants, qui ont quitté
ses États, ont porté chez vous-mêmes une industrie
qui faisait la richesse de la France. Comptez-vous
pour rien tant de manufactures de soie et de cris-
taux? Ces dernières surtout furent perfectionnées
chez vous par nos réfugiés, et nous avons perdu ce
que vous avez acquis.

« Enfin , la langue française , milord, est devenue
presque la langue universelle. A qui en est-on rede-
vable? Était-elle aussi étendue du temps d'Henri IV?
non sans doute ; on ne connaissait que l'italien et l'espagnol. Ce sont nos excellents écrivains qui ont fait
ce changement. Mais qui a protégé, employé, encouragé ces excellents écrivains? c'était M. Colbert, me

direz-vous : je l'avoue, et je prétends bien que le ministre doit partager la gloire du maître. Mais qu'eût fait un Colbert sous un autre prince, sous votre roi Guillaume, qui n'aimait rien, sous le roi d'Espagne Charles II, sous tant d'autres souverains?

« Croirez-vous bien, milord, que Louis XIV a réformé le goût de sa cour en plus d'un genre? Il choisit Lulli pour être son musicien, et a ôté le privilége à Cambert, parce que Cambert était un homme médiocre, et Lulli un homme supérieur. Il savait distinguer l'esprit du génie, il donnait à Quinault les sujets de ses opéras ; il dirigeait les peintures de Le Brun ; il soutenait Boileau, Racine et Molière contre leurs ennemis ; il encourageait les arts utiles, comme les beaux-arts, et toujours en connaissance de cause ; il prêtait de l'argent à Van Robais pour établir ses manufactures ; il avançait des millions à la compagnie des Indes qu'il avait formée ; il donnait des pensions aux savants et aux braves officiers. Non-seulement il s'est fait de grandes choses sous son règne, mais c'est lui qui les faisait. Souffrez donc, milord, que je tâche d'élever à sa gloire un monument que je consacre encore plus à l'utilité du genre humain. »

Cette lettre est un modèle de raisonnement. Que ce soit la justice ou l'orgueil national qui ait inspiré de si belles pages, pour nous, c'est encore plus l'homme que l'écrivain que nous y admirons.

NOTES.

—

PROPOSITION, PHRASE, PÉRIODE.

166. Il y a trois manières de rendre une pensée complétement :

1° Par la PROPOSITION qui renferme un sujet, un verbe et un attribut.

Ex : Dieu est bon ;

2° Par la PHRASE qui renferme *plusieurs proposi tions.*

Ex : Dieu, qui est bon, mérite notre amour.

3° Par la PÉRIODE qui renferme *plusieurs phrases.*

Ex : Dieu mérite d'autant plus notre amour, — que sa bonté infinie est incomparable à tout ce qui peut exciter ici-bas notre affection.

Les *Phrases* d'une *période* s'appellent MEMBRES de la *Période.*

On distingue des PÉRIODES *à deux, à trois et à qua-tre membres.*

PÉRIODE A DEUX MEMBRES.

Si monsieur de Turenne n'avait su que combattre et vaincre, — je le mettrais au rang des Fabius et des Scipion.

PÉRIODE A TROIS MEMBRES.

Si monsieur de Turenne n'avait su que combattre

et vaincre, — s'il ne s'était élevé au-dessus des vertus humaines, — je le mettrais au rang des Fabius et des Scipion.

PÉRIODE A QUATRE MEMBRES.

Si monsieur de Turenne n'avait su que combattre et vaincre, — s'il ne s'était élevé au-dessus des vertus humaines, — si sa valeur et sa prudence n'avaient été animées d'un esprit de foi et de charité, je le mettrais au rang des Fabius et des Scipion.

FLÉCHIER.

Tel est le moyen à peu près de développer une *période*.

Quelquefois elle prend encore plus d'extension.

Ex. : Soit qu'il (Dieu) élève les trônes, soit qu'il les abaisse, soit qu'il communique sa puissance aux princes, soit qu'il la retire à lui-même et ne leur laisse que leur propre faiblesse, il leur apprend leur devoir d'une manière souveraine et digne de lui ; car en leur donnant sa puissance, il leur commande d'en user comme il le fait lui-même pour le bien du monde, et il leur fait voir en la retirant que toute leur majesté n'est qu'empruntée, et que, pour être assis sur le trône, ils n'en sont pas moins sous sa main et son autorité suprême.

BOSSUET.

Est-il nécessaire de dire que, dans toutes ces formes de la pensée, le sens ne doit finir qu'avec les derniers mots?

VERSIFICATION FRANÇAISE.

167. La VERSIFICATION est l'art de faire des vers.

VERS.

Un vers est un assemblage de mots ayant une *harmonie* déterminée.

HARMONIE.

L'*harmonie du vers* est *absolue* ou *relative*; *absolue*, quand le vers est harmonieux par lui-même; *relative*, quand il l'est par rapport aux autres vers.

L'*harmonie absolue* du vers, outre l'heureux choix des mots (61), demande une *mesure* et une *cadence* qui lui sont propres.

L'*harmonie relative* du vers dépend de la *rime* et de ce qu'on appelle la *disposition*.

MÉSURE.

Syllabes.

La MESURE du *vers* dépend du nombre de ses *syllabes*.

Les *vers* de toute *mesure* se trouvent dans ce dizain :

12 SYLLABES. O mort, viens terminer ma misère cruelle !
10   —   ... S'écriait Charle, accablé par le sort.
8   —   ... La mort accourt du sombre bord.
7   —   ...... C'est bien ici qu'on m'appelle !
6   —   .... Or çà de par Pluton,
5   —   ...., Que me demande-t-on ?
4   —   .... Je veux, dit Charle.
3   —   .... Tu veux ? Parle.
2   —   .... Hé bien !
1   —   .... Rien.

Le vers de douze syllabes s'appelle *alexandrin* ou *héroïque*.

A la mesure du vers se rattachent les règles de l'*élision* et de l'*hiatus*.

ÉLISION.

L'ÉLISION dans un vers signifie *annulation, comme mesure,* de l'E muet, *soit seul, soit suivi de* s ou de NT.

1° L'E muet dans le corps d'un *vers* ne compte pas comme *mesure* devant un mot qui commence par une *voyelle* ou une *h muette.*

> Ayez pour la cadence une oreille sévère:
>
> BOILEAU.

> Quand verrai-je d'Hector la cité renaissante?
>
> RACINE.

2° Il ne compte pas non plus à la fin du vers *suivi ou non d'un* s ou de NT.

> Je chante ce héros qui régna sur la France.
>
> VOLTAIRE.

> Craignez d'un vain plaisir les trompeuses amorces.
>
> BOILEAU.

> Les deux chevaux, la mule au marché s'envolèrent...
>
> BOILEAU.

3° Il en est de même si, *étant précédé d'une autre voyelle,* l'E muet est de plus *suivi de* s *ou de* NT.

> Seule, j'entretenais mes longues rêveries.
>
> D'AVRIGNY.

L'E muet dans ces deux derniers cas ne peut entrer dans le corps du vers, excepté à la troisième personne plurielle de l'imparfait et du conditionnel et dans les deux présents du subjonctif *aient, soient,* parce qu'il ne s'y fait pas sentir.

Chez lui deux bons chevaux de pareille encolure
Trouvaient dans l'écurie une pleine pâture.

BOILEAU.

4° L'E muet, *précédé seulement d'une voyelle dans le corps d'un mot*, ne compte pas non plus.

Je vous paierai, lui dit-elle.

LA FONTAINE.

J'aime, je l'avouerai, cet orgueil généreux.

RACINE.

HIATUS.

La rencontre de toute *autre voyelle* finale que l'E muet *avec une autre voyelle*, produit ce qu'on appelle un HIATUS, qui n'est permis que quand le mot *qui suit la voyelle* commence par *une consonne* ou *une voyelle aspirée* comme dans ces vers :

J'ai détesté Sylla, j'ai HAÏ les tyrans.

VOLTAIRE.

O toi qui vois *la* honte où je suis descendue.

RACINE.

Ce *oui* m'a révolté, c'est non qu'il fallait dire.

ANONYME.

Le *onze*, je le vis; le douze, il n'était plus.

ANONYME.

NOTA. — Le *t* du mot *et*, ne se liant jamais au mot suivant fait hiatus devant une voyelle.

La Fontaine a donc tort de dire :

Le juge prétendait qu'à tort *et à* travers
On ne saurait manquer condamnant un pervers.

CADENCE.

La CADENCE du vers résulte de la CÉSURE et du REPOS FINAL.

La CÉSURE est la coupe du vers après la sixième syllabe dans les alexandrins.

> Enfin Malherbe vint — et le premier en France
> Fit sentir dans les vers — une juste cadence.
>
> BOILEAU.

Et après la quatrième syllabe dans les vers de dix syllabes.

> Il n'aime plus — que le honteux honneur
> De savoir plaire —au monde suborneur.
>
> GRESSET.

La césure partage ainsi le vers en deux parties qu'on appelle HÉMISTICHES.

Il n'y a point de césure, et par conséquent point d'hémistiches dans les vers de moins de dix syllabes.

L'E muet ne peut se trouver *à la fin du premier hémistiche* sans s'*élider* comme dans le dernier vers cité.

Le premier HÉMISTICHE doit *se terminer par une syllabe sonore* comme *té* dans *bonté,* ou comme *plair* dans *plaire,* où l'E *muet* est nul.

Le premier HÉMISTICHE ne doit pas non plus couper des mots naturellement inséparables.

Racine n'a pas suivi cette règle dans ce vers, pour lui donner plus d'entrain :

> Ma foi j'étais un *franc portier* de comédie.

Repos final.

On appelle REPOS FINAL celui qui a lieu à la fin d'un vers ; il se nomme ainsi par opposition à la césure qui n'est autre chose qu'un repos au milieu du vers.

Le REPOS FINAL est plus nécessaire *à la fin du vers qu'au milieu,*

> Descends du haut des cieux — auguste vérité —
> Répands sur mes écrits — ta force et ta clarté.

Ainsi évitez l'enjambement d'un vers sur un autre. Ne dites pas avec Ronsard :

> Cette nymphe royale est digne qu'on lui dressé
> Des autels. . . . .

L'enjambement est cependant permis quand il fait une beauté.

> Elle parle ; un roi tremble, et l'oracle homicide
> Se tait... Un calme heureux succède à tant d'horreurs.
>
> RACINE.

RIME.

La RIME est l'uniformité de sons dans la terminaison de deux mots.

> Le vers le mieux rempli, la plus noble pen*sée*,
> Ne peut plaire à l'esprit quand l'oreille est bles*sée*.

On reconnaît *deux sortes de rimes*, la RIME FÉMININE et la RIME MASCULINE.

La RIME FÉMININE est celle qui se termine par un *e muet seul* ou suivi d'un *s* ou de *nt*.

La RIME MASCULINE est celle qui a toute autre désinence.

> La Thessalie entière ou vaincue ou cal*mée*,
> Lesbos même conquise en attendant l'ar*mée*,
> De toute autre valeur éternels monum*ents*,
> Ne sont d'Achille oisif que les amusem*ents*.
>
> RACINE.

Les deux premières rimes sont *féminines* et les deux dernières *masculines*.

Les RIMES sont ou *riches*, ou *suffisantes*, ou *mauvaises*.

RICHES, comme cal*mée*, ar*mée* ; monum*ents*, amuse*ments*.

SUFFISANTES, comme obs*cure*, tor*ture*; bu*tin*, hu-*main*.

MAUVAISES, comme déchir*ée*, couronn*ée*; bour*ru*, vermou*lu*.

Le style familier admet dans la RIME plus de licence que le style élevé.

> Quand le mulet se présen*tant*,
> Comme il en voulait à l'ar*gent*.
>
> LA FONTAINE.

DISPOSITION.

La DISPOSITION est la manière de coordonner les rimes et les vers.

Disposition des rimes.

La DISPOSITION DES RIMES consiste à entremêler les *rimes féminines* et les *rimes masculines* de manière que deux vers féminins et deux vers masculins ne soient jamais à la suite l'un de l'autre, s'ils ne riment pas.

Rimes suivies, croisées, mêlées.

On distingue dans la Disposition *trois sortes de* RI-MES : les RIMES SUIVIES, les RIMES CROISÉES, et les *rimes mêlées*.

Les RIMES sont SUIVIES quand les vers présentent alternativement deux *rimes féminines* et *deux rimes masculines*.

Les RIMES sont CROISÉES quand une *rime féminine* alterne avec une *rime masculine* et réciproquement; ou quand deux *rimes masculines* sont placées entre deux *rimes féminines* et *réciproquement*.

Les RIMES sont MÊLÉES quand elles ne suivent pas un ordre uniforme.

Les *satires*, les *épîtres*, l'*Art poétique* et le *Lutrin de Boileau*, la *Henriade*, les *tragédies*, excepté *Tancrède* (qui est en rimes croisées) les *comédies*, les *élégies*, ont les *rimes suivies*.

Presque *toutes les odes*, *tous les sonnets*, *tous les rondeaux*, *toutes les ballades* ont les rimes croisées.

Le plus grand nombre des *fables*, des *madrigaux*, des *chansons*, ont les *rimes mêlées*.

Disposition des vers.

Dans la *tragédie*, la *comédie*, le *poëme épique* et en général dans les *épîtres*, les *satires*, les *idylles* et les *églogues*, le nombre de vers, après lequel doit finir le sens, n'est pas déterminé. Il n'en est point de même dans l'*ode*, les *chansons*.

Le nombre déterminé de vers, après lequel le sens finit, s'appelle STANCE.

La STANCE se nomme aussi STROPHE dans l'ode et COUPLET dans la chanson.

Les STANCES n'ont pas moins de *quatre vers*, ni *plus de seize*.

Il y a peu de STANCES de *cinq vers*, encore moins de stances de *dix vers*.

Les STANCES sont *régulières*, ou *irrégulières*, ou *mixtes*.

RÉGULIÈRES OU IRRÉGULIÈRES, selon que la *mesure* et le *nombre des vers* en sont ou n'en sont pas les mêmes ;

MIXTES, quand la *forme* en est *différente* et non *symétrique*.

En général les *odes*, les *hymnes*, les *chansons*, les *romances*, les *vaudevilles*, sont en STANCES RÉGULIÈRES.

Les STANCES peuvent renfermer des *vers d'une même mesure*, ou de *mesures différentes*, de *grands* ou de *petits vers*, ou même *des vers entremêlés* avec des *rimes suivies, mêlées* ou *croisées*.

PARTICIPE PASSÉ.

PRINCIPES.

168. Le PARTICIPE PASSÉ est VERBE ou ADJECTIF :

VERBE, quand il ne qualifie rien ;

ADJECTIF, quand il qualifie une partie de la phrase.

Pour reconnaître si le PARTICIPE PASSÉ est VERBE ou ADJECTIF, faites la question QUI EST-CE QUI EST? pour les personnes et QU'EST-CE QUI EST? pour les choses immédiatement sur le PARTICIPE.

Si *cette question* réunie au *participe* n'est pas *logique*[1], ou si, étant *logique*, elle n'amène pas de réponse, le PARTICIPE, *ne qualifiant rien*, est VERBE.

Si *cette question*, étant *logique*, amène une réponse, le PARTICIPE, *qualifiant cette réponse*, est ADJECTIF.

EXEMPLES.

PARTICIPE VERBE.

Dans cette proposition : *Les rois se sont succédé*[2], il n'est pas *logique* de dire QUI EST-CE QUI EST SUCCÉDÉ? Donc le *participe succédé* est VERBE.

Dans cette proposition : *Nous avons étudié*, la question *logique* QUI EST-CE QUI EST ÉTUDIÉ? n'amène pas de réponse que puisse qualifier le participe étudié ; donc *ce participe* est VERBE.

---

[1] *Logique* ne signifie pas *conforme aux usages de la langue*, mais *conforme aux lois du raisonnement*.

[2] La question *qui est-ce qui est ?* ou *qu'est-ce qui est ?* n'est jamais *logique*, quand le VERBE, *essentiellement* et *uniquement neutre*, ne se conjugue pas dans ses temps composés avec l'auxiliaire être.

PARTICIPE ADJECTIF.

Dans cette proposition : *Dieu est adoré*, la *question logique* QUI EST-CE QUI EST ADORÉ ? amène pour réponse : *Dieu*, que le *participe adoré* qualifie ; donc ce *participe* est ADJECTIF.

Par la même raison, *prié* est encore ADJECTIF dans la proposition : *Nous avons prié Dieu*, qui équivaut logiquement à : *Nous avons Dieu prié*.

Des principes que nous venons de poser résulte une règle unique avec deux exceptions.

RÈGLE UNIQUE.

Le PARTICIPE ADJECTIF SEUL est variable, c'est-à-dire qu'il *s'accorde en genre et en nombre, s'il y a lieu*[1]*, avec la réponse logique amenée par la question* QUI EST-CE QUI EST ? ou QU'EST-CE QUI EST ?

PARTICIPE ADJECTIF.

LES EXAMENS QUE NOUS AVONS SUBIS.

Accord, parce que la question logique QU'EST-CE QUI EST SUBI ? amène pour réponse *que* ou *les examens,* ayant un genre et un nombre.

EXEMPLES.

PARTICIPE VERBE.

NOUS AVONS DORMI.

Point d'accord, parce que la question QUI EST-CE QUI EST DORMI ? n'est pas logique.

NOUS AVONS CHASSÉ.

---

[1] Il n'y a pas lieu à l'accord, si la réponse est un membre de phrase qui n'a ni genre ni nombre par lui-même.

Point d'accord, parce que la question logique QUI EST-CE QUI EST CHASSÉ? n'amène pas de réponse.

EXCEPTIONS.

Le PARTICIPE ADJECTIF ne s'accorde pas avec la réponse :

1° Lorsque cette réponse est *exprimée entièrement ou sous-entendue entièrement après le participe, et qu'elle en est le régime direct.*

2° Dans les unipersonnels qui se conjuguent avec le verbe *être* [1].

EXEMPLES :

1° NOUS AVONS SUBI DES EXAMENS.

Point d'accord, parce que la réponse DES EXAMENS amenée par la question logique QU'EST-CE QUI EST SUBI? vient entière après le *participe subi* et en est le *régime direct.*

Je vous ai donné des livres, EN AVEZ-VOUS LU?

Point d'accord, parce que la question logique QUI EST-CE QUI EST LU? amène la réponse *quelques-uns,* sous-entendue après le participe, dont est elle le régime direct.

2° IL EST TOMBÉ DE GRANDES PLUIES.

Point d'accord, quoique la question logique QU'EST-CE QUI EST TOMBÉ? amène pour réponse *de grandes pluies.*

---

[1] La raison de la première exception, c'est que, rien de la réponse n'étant encore connu quand on arrive au participe, on devrait revenir sur ce participe pour le faire accorder ; la raison de la seconde, c'est qu'il se fait un accord de convention entre le *verbe* et le pronom *il* qui précède.

EXEMPLES DE TOUTES FORMES

PROPRES A CONFIRMER LA RÈGLE ET LES
DEUX EXCEPTIONS.

RÈGLE.

1° PARTICIPE ADJECTIF

joint *immédiatement* au mot auquel il se rapporte.

LES ÉTUDES ACHEV*ées*.

Accord, parce que la question logique *qu'est-ce qui est achevé?* amène la réponse *les études,* qui a un genre et un nombre.

2° PARTICIPE PASSÉ

construit avec le verbe auxiliaire *être* dans les verbes passifs.

LES COURS DE L'ANNÉE ONT ÉTÉ TERMIN*és* HIER.

Accord, parce que la question logique *qu'est-ce qui est terminé?* amène la réponse *les cours,* qui a un genre et un nombre.

3° PARTICIPE PASSÉ

construit avec le verbe auxiliaire *être* dans les verbes neutres.

CETTE FEMME EST TOMB*ée*.

CES ENFANTS SONT TOMB*és*.

Accord, parce que la question logique *qui est-ce qui est tombé?* amène les réponses *cette femme, ces enfants,* qui ont un genre et un nombre.

4° PARTICIPE PASSÉ

construit avec le verbe auxiliaire *avoir,* et précédé des pronoms
que, me, te, le, la, les, régimes.

ILS *m'*ONT EXAMIN*ée* (en parlant d'une femme),

ILS *t'*ONT EXAMIN*ée*   *id.*

ILS *l'*ONT EXAMINÉE (en parlant d'une femme).

ILS *les* ONT EXAMINÉES (en parlant de femmes).

ILS *m'*ONT EXAMINÉ (en parlant d'un homme).

ILS *t'*ONT EXAMINÉ   *id.*

ILS *l'*ONT EXAMINÉ   *id.*

ILS *les* ONT EXAMINÉS (en parlant d'hommes).

LES EXAMENS *que* NOUS AVONS SUBIS.

LA CHARGE *qu'*ON A CRÉÉE POUR LUI.

LES CERFS *que* NOUS AVONS COURUS (terme de chasse).

LES BORDÉES *que* NOUS AVONS COURUES (terme de marine.)

Accord, parce que d'une part la question logique *qui est-ce qui est examiné?* amène pour réponse *me, te, la, les, me, te, le, les;* que d'autre part la question *qu'est-ce qui est subi, créé, couru?* amène pour réponse *que* pour *examens, que* pour *charge, que* pour *cerfs, que* pour *bordées,* et que toutes ces réponses ont un genre et un nombre.

5° PARTICIPE PASSÉ

dans les verbes pronominaux, lorsque *me, te, nous, vous, se,* ne sont pas mis pour *à moi, à toi,* etc., c'est-à-dire ne sont pas régimes indirects.

LES HOMMES *se* SONT MULTIPLIÉS.

ILS *se* SONT ATTAQUÉS A NOUS.

ILS *se* SONT EMPARÉS DE TOUT LE BUTIN.

NOUS *nous* SOMMES MOQUÉS[1] DE VOUS.

LES PRISONNIERS *se* SONT ENFUIS DE LA PRISON.

Accord, parce que la question logique *qui est-ce qui est multiplié, attaqué, emparé, moqué, enfui,* amène

---

[1] Le participe passé *moqué* s'emploie même d'une manière absolue : Ex., « Il se vit bafoué, berné, sifflé, *moqué,* etc. » (LA FONTAINE.

les réponses *se, nous,* mis pour *hommes, ils, nous, prisonniers,* qui ont un genre et un nombre.

6° PARTICIPE PASSÉ

dans les verbes pronominaux, lorsque *me, te, nous, vous, se,* sont mis pour *à moi, à toi,* etc., c'est-à-dire sont régimes indirects.

ILS *se* SONT SOURI, PLU, PARLÉ, SUCCÉDÉ, NUI, etc.

ILS *se* SONT RI DE NOS PROJETS.

Point d'accord, parce qu'il n'est pas logique de dire : *Qui est-ce qui est souri, plu, parlé, succédé, nui, ri,* etc. [1].

7° PARTICIPE PASSÉ

précédé de l'adjectif *quel* et d'un *substantif.*

Quels examens AVEZ-VOUS SUBIS?

Accord, parce que la question logique *qu'est-ce qui est subi?* amène la réponse *quels examens,* substantif qui a un genre et un nombre.

8° PARTICIPE PASSÉ

précédé de *que* ou de *combien de* et d'un *substantif.*

Que de ou *combien de* QUESTIONS VOUS A-T-ON FAITES?

Accord, parce que la question logique *qu'est-ce qui fait?* amène la réponse *que de questions* ou *combien de questions,* ayant un genre et un nombre.

---

[1] Des nos 5 et 6 on peut conclure que dans tous les verbes pronominaux, le participe s'accorde avec le pronom qui précède, excepté quand ce pronom est mis pour un *régime indirect construit avec la préposition à,* comme dans ils *se* sont succédé, où *se* est mis pour *à soi.*

9° PARTICIPE PASSÉ

Suivi du *sujet de la proposition*.

LÀ ONT ÉTÉ LIVRÉS *des combats sanglants*.

Accord, parce que la question logique *qu'est-ce qui est livré?* amène la réponse *des combats sanglants*, qui a un genre et un nombre.

TOUT UTILE QUE S'ÉTAIT MONTRÉE *la reine mère*.

Accord, parce que la question logique *qui est-ce qui est montrée?* amène pour réponse *se utile* ou *la reine mère utile*, qui a un genre et un nombre.

10° PARTICIPE PASSÉ

suivi d'*un* ou de *plusieurs adjectifs*.

IL LES AVAIT RENDUS *heureux et tranquilles*.

Accord, parce que la question logique *qui est-ce qui est rendu?* amène la réponse *les*, qui a un genre et un nombre.

11° PARTICIPE PASSÉ

suivi ou précédé d'*un autre participe*.

CES BRAS QUE DANS LE SANG VOUS AVEZ *vus baignés*.

Racine.

Accord dans les deux participes, parce que la question logique *qu'est-ce qui est vu* et *baigné?* amène la réponse *que* ou *ces bras*, mot qui a un genre et un nombre.

12° PARTICIPE PASSÉ

immédiatement suivi d'*un infinitif* complétant avec *le pronom* le régime du participe.

CETTE DAME EST FORT JOLIE, ET JE L'AI *vu peindre*.

Point d'accord, parce que la question logique *qu'est-*

ce qui est vu? amène la réponse *peindre la* ou *peindre cette dame,* membre de phrase qui n'a ni genre ni nombre.

Il en est de même dans les trois phrases suivantes :

CES FEMMES *que* NOUS AVONS LAISSÉ *insulter.*

CES INNOCENTS *que* VOUS AVEZ FAIT *torturer.*

CES HOMMES *que* NOUS AVONS FAIT *travailler.*

Dans le dernier exemple la réponse est *que travailler* ou *ces hommes travailler.*

13° PARTICIPE PASSÉ

suivi d'*un infinitif et accessoires,* complétant avec le *que relatif* qui précède le régime du participe.

CETTE AFFAIRE *que* NOUS AVIONS PENSÉ *devoir nous réussir.*

Point d'accord, parce que la question logique *qu'est-ce qui est pensé?* amène la réponse *que nous réussir* ou *cette affaire devoir nous réussir,* membre de phrase qui n'a ni genre ni nombre.

14° PARTICIPE PASSÉ

entre *deux que* dont l'un est *relatif* et l'autre *conjonction,* et qui complètent la réponse avec la partie de la proposition qui le suit.

LES EXAMENS *que* NOUS AVIONS CRU *que vous subiriez.*

Point d'accord, parce que la question logique *qu'est-ce qui est cru?* amène la réponse *que vous subiriez que* ou *que vous subiriez les examens,* n'ayant ni genre ni nombre.

15° PARTICIPE PASSÉ

suivi d'*un infinitif non régime.*

CETTE DAME EST UNE BONNE ARTISTE; JE L'AI VUE *peindre.*

Accord, parce que la question logique *qui est-ce qui est vu?* amène la réponse *la peindre* ou *cette dame peindre,* qui a un genre et un nombre.

Remarque. Ce cas arrive quand l'*infinitif* peut se tourner par le *participe présent.*

Il en est de même dans la phrase suivante :

CES ENFANTS *que* J'AI LAISSÉS *partir.*

16° PARTICIPES PASSÉS

pu, dû, voulu, à la suite desquels on sous-entend un *infinitif* formant avec le *que* relatif qui précède le régime direct de ces participes.

VOUS LUI AVEZ RENDU LES SERVICES *que* VOUS AVEZ PU, DU OU VOULU.

Point d'accord, parce que la question logique *qu'est-ce qui est pu, dû* ou *voulu?* amène pour réponse *rendre que* ou *rendre les services,* n'ayant ni genre ni nombre.

17° PARTICIPE PASSÉ

à la suite duquel on sous-entend un *que conjonction et une partie de proposition* qui forment avec le *que* relatif précédent le régime direct du participe.

JE LUI AURAIS RENDU LES SERVICES *qu'*IL EÛT VOULU.

Point d'accord, parce que la question logique *qu'est-ce qui est voulu?* amène pour réponse *que je lui rendisse que* ou *que je lui rendisse les services,* membre de phrase qui n'a ni genre ni nombre.

18° PARTICIPE PASSÉ

suivi d'une *préposition* et d'un *infinitif.*

ON S'ÉLEVA AVEC FORCE CONTRE LA TÉMÉRITÉ *que* NOUS AVONS EU [1] *à combattre.*

---

[1] *Grammaire des grammaires.*

Point d'*accord*, parce que la question logique *qu'est-ce qui est eu?* amène la réponse *à combattre que* ou *à combattre la témérité*, qui n'a ni genre ni nombre.

NOUS EMPORTÂMES LES POMMES *qu'*ON NOUS AVAIT PERMIS *de cueillir.*

Point d'*accord*, parce que la question logique *qu'est-ce qui est permis?* amène la réponse *de cueillir que* ou *de cueillir les pommes*, membre de phrase qui n'a ni genre ni nombre.

19° PARTICIPE PASSÉ

précédé du pronom *le* signifiant *cela* ou tenant lieu d'un membre de phrase sous-entendu.

SA VERTU ÉTAIT AUSSI PURE QU'ON *l'*AVAIT CRU.

Point d'*accord*, parce que la question logique *qu'est-ce qui est cru?* amène la réponse *cela* ou *qu'elle était pure*, n'ayant ni genre ni nombre.

20° PARTICIPE PASSÉ

précédé d'un *que* régi par une *préposition sous-entendue.*

LES JOURS *que* J'AI VÉCU (pendant lesquels).

LES ANNÉES *qu'*IL A RÉGNÉ (pendant lesquelles).

LES SIX HEURES *que* J'AI DORMI (pendant lesquelles).

LES HEURES *que* J'AI COURU (pendant lesquelles).

Point d'*accord*, parce que la question *qu'est-ce qui est vécu, régné, dormi, couru* n'est pas logique.

21° PARTICIPE PASSÉ

précédé de plusieurs *substantifs grammaticalement réunis*, lorsque l'idée du participe détermine avec lequel de ces substantifs doit se faire l'accord.

LA LONGUE SUITE DE JOURS *que* LE PÉCHEUR A PASSÉS SUR LA TERRE.

Accord, parce que la question logique *qu'est-ce qui est passé?* amène la réponse *que* ou *la longue suite de jours* dont les deux substantifs ont un genre et un nombre.

Mais comme il y a plus d'analogie entre *passer* et *jours* qu'entre *passer* et *suite*, l'accord se fera avec *jours*.

QUEL DÉLUGE DE MAUX N'AVAIT-IL PAS RÉPANDU SUR LA TERRE ! (Massillon.)

Accord, parce que la question logique *qu'est-ce qui est répandu?* amène la réponse *quel déluge de maux*.

Mais comme il y a plus d'analogie entre *répandre* et *déluge* qu'entre *répandre* et *maux*, Massillon a fait accorder le participe avec *déluge*.

Pour nous, il ne nous répugnerait pas de le faire accorder avec *maux* ; car il ne s'agit pas d'un déluge, mais d'*un déluge de maux*, où l'idée de *maux* domine. *Les maux* (idée principale) sont répandus comme *un déluge* (idée accessoire).

22° PARTICIPE PASSÉ

précédé de *plusieurs substantifs grammaticalement réunis*, sans que le participe semble se rapporter plus à l'un qu'à l'autre.

LE RUISSEAU DE LARMES *qu'IL A RÉPANDUes*.

Accord, parce que la question logique *qu'est-ce qui est répandu ?* amène la réponse *que* ou *un ruisseau de larmes*, où les deux substantifs ont un genre et un nombre.

Mais quoiqu'il y ait autant d'analogie entre *répandre* et *ruisseau* qu'entre *répandre* et *larmes*, comme il ne s'agit pas d'*un ruisseau* seulement, mais d'un *ruisseau de larmes* où l'idée de *larmes* est principale (car ce sont *des larmes qui coulent comme un ruisseau*), on fera accorder avec *larmes*.

23° PARTICIPE PASSÉ

quand les substantifs auxquels il se rapporte sont tantôt *synonymes,* tantôt *placés par gradation,* tantôt *unis par les conjonctions : ou, ni, comme, de même que, ainsi que,* etc.

C'EST LA DOUCEUR, LA BONTÉ, LA CLÉMENCE *qu'*ON A TOUJOURS LOUÉ*e* EN VOUS.

Accord, parce que la question logique *qu'est-ce qui est loué?* amène pour réponse *que* ou *la douceur, la bonté, la clémence,* qui ont un genre et un nombre.

Mais comme ces trois substantifs sont synonymes, on ne fait *accorder le participe qu'avec le dernier.*

C'EST SON COURAGE *ou* SA PRUDENCE QUE VOUS AVEZ LOUÉ.

Accord avec le dernier substantif, la conjonction *ou* excluant le premier.

C'EST SON COURAGE, *comme* SA PRUDENCE, QUE VOUS AVEZ LOUÉ.

Accord avec le premier substantif, le second, précédé de la conjonction *comme* étant accessoire.

24° PARTICIPE PASSÉ

dans les phrases où un *substantif pluriel* est précédé de *un de.*

Un des FLÉAUX LES PLUS GRANDS QUI SOIENT TOMBÉS SUR LA TERRE, PÈSE SUR NOUS DEPUIS SIX MOIS.

Accord, parce que la question logique *qu'est-ce qui est tombé?* amène la réponse *qui* ou *fléaux,* qui a un genre et un nombre.

25° PARTICIPES PASSÉS

coûté, valu, pesé, neutres.

LES VINGT MILLE FRANCS QUE CETTE MAISON M'A COÛTÉ.

(Académie.)

LA PEINE QUE CE TRAVAIL M'A COÛTÉ.

LA SOMME QUE CES MARCHANDISES ONT VALU.

LES DEUX KILOGRAMMES QUE CETTE BOÎTE A PESÉ.

Point d'accord, parce que, dans la nature de ces verbes qui sont neutres, il n'est pas logique de dire : *qu'est-ce qui est coûté, valu, pesé?*

26° PARTICIPE PASSÉ

coûté, valu, pesé, actifs.

LES RÉCOMPENSES QUE VOTRE COURAGE VOUS A VALU*es.*

Accord, parce que la question logique *qu'est-ce qui est valu?* amène la réponse *que* ou *les récompenses,* qui a un genre et un nombre.

Le verbe *valoir* signifiant *procurer, faire obtenir, produire,* est actif.   (Académie.)

Il semble que l'Académie aurait dû en dire autant du verbe *coûter* signifiant *causer.*

27° PARTICIPE PASSÉ

précédé de *le peu de,* suivi d'un substantif.

JE LUI REPROCHERAI *le peu de* CONFIANCE QU'IL A EU EN MOI.

Point d'accord, parce que la question logique *qui est-ce qui est eu?* amène la réponse *le peu de confiance,* qui ne donne pas lieu à l'accord.

Remarque. — *Le peu de,* lorsqu'il signifie *le manque de,* est toujours l'idée dominante.

LE PEU DE TROUPES QUE SPARTE AVAIT ENVOYÉ*es* CONTRE LES PERSES.

Accord, parce que la question logique *qui est-ce qui est envoyé?* amène la réponse *le peu de troupes.*

Remarque. — Quand *le peu de* signifie *la petite quantité,* l'accord se fait par syllepse (69) avec le substantif dont l'idée est dominante.

C'est au sens de la phrase qu'on distingue si le *peu* signifie *le manque* ou *une petite quantité.*

28° PARTICIPE PASSÉ

précédé du pronom *en*, mis pour d'*eux*, d'*elles*.

J'AI VU DES SAVANTS AIMABLES, MAIS J'EN AI TROUVÉ D'UN PEU LOURDS.

Point d'accord, parce que la question logique *qui est-ce qui est trouvé?* amène la réponse *quelques-uns,* sous-entendue après le participe dont elle est le régime direct.

29° PARTICIPE PASSÉ

avec *en* précédé d'*un régime direct.*

JE NE TROUVAI POINT CE CHATEAU AU DESSOUS DE LA DESCRIPTION *qu'*ON M'*en* AVAIT FAITE.

Accord, parce que la question logique *qu'est-ce qui est fait?* amène la réponse *que* ou *la description,* qui a un genre et un nombre.

30° PARTICIPE PASSÉ

avec *en* qui détermine le sens d'*un adverbe de quantité* et rappelle, réuni à cet adverbe, l'idée d'un substantif pluriel.

COMBIEN EN A-T-ON VUS
QUI DU SOIR AU MATIN SONT PAUVRES DEVENUS !
La Fontaine.

Accord, parce que la question logique *qui est-ce qui est vu?* amène pour réponse *combien en,* qui équivaut à *beaucoup d'hommes.*

Il en est de même dans ce vers de Racine :

AH ! MALHEUREUX, COMBIEN J'EN AI DÉJA PERDUS !

31° PARTICIPE PASSÉ

avec *en* précédé d'un *adverbe de quantité*, qui équivaut à *peu*
ou à *point*, ou qui est *interrogatif*.

DES BRAVES QUI ONT AFFRONTÉ LA MORT, *combien en
a-t-on récompensé* !

Point d'accord, parce que la question logique *qui
est-ce qui est récompensé ?* amène la réponse *combien
en*, dont le sens équivaut à *peu* ou *point de braves*.

De ses mille volumes, SAVEZ-VOUS COMBIEN IL EN A *lu ?*

Point d'accord, parce que la question logique *qu'est-
ce qui est lu ?* amène pour réponse, *combien en*, expression interrogative, vague par conséquent, et
n'ayant ni genre ni nombre [1].

32° PARTICIPE PASSÉ

dans les verbes unipersonnels qui se conjuguent avec l'auxiliaire
avoir.

IL A PLU.

IL A FALLU.

Point d'accord, parce qu'il n'est pas logique de dire
qu'est-ce qui est plu, fallu ?

33° PARTICIPE PASSÉ

se rapportant à *nous, vous*, mis pour *je, toi*.

NOUS NOUS SOMMES EMPRESSÉ DE LIVRER CE LIVRE AU
PUBLIC.

---

[1] Des n°⁸ 30 et 31, il résulte que *combien en* est exclamatif ou
interrogatif : exclamatif, il signifie *beaucoup, peu* ou *point*, et ne
détermine l'accord que dans le premier cas ; interrogatif, il est vague et ne veut point l'accord.

Point d'accord, parce que la question logique *qui est-ce qui est empressé?* amène pour réponse *nous* mis pour *je*.

Il en est de même dans cette phrase : MON AMI, VOUS ÊTES VENU BIEN TARD ?

EXCEPTIONS.

34° PARTICIPE PASSÉ
suivi de son régime direct.

ILS ONT CONTRACTÉ DE BONNES HABITUDES.

ILS SE SONT ARROGÉ DES DROITS.

Point d'accord, parce que la question logique *qu'est-ce qui est contracté* ou *arrogé?* amène les réponses *de bonnes habitudes, des droits,* qui sont exprimées dans la phrase après les participes et en sont les régimes directs.

35° PARTICIPE PASSÉ
dans les verbes unipersonnels qui se conjuguent avec l'auxiliaire *être.*

IL EST TOMBÉ DE GRANDES PLUIES.

IL S'EST TROUVÉ DES CIRCONSTANCES.

Point d'accord, quoiqu'il soit logique de dire : *qu'est-ce qui est tombé, trouvé?* et que ces questions amènent les réponses *de grandes pluies, des circonstances.*

REMARQUE. Les participes *excepté, supposé, passé* et *vu,* placés avant le substantif, sont réputés prépositions, et par conséquent sont invariables.

FIN.

TABLE DES MATIÈRES.

FIN DE LA TABLE.